Daniel Ichbiah

Programmation

VBScript et CSS

MARABOUT

Les collections informatiques sont dirigées par ghéorghiï vladimirovitch grigorieff

gheorghi@grigorieff.com

Mise en page Dimitri Culot/M2M

Sommaire

1. Introduction aux feuilles de style et à VBScript

1 - 1 Introduction

L'essor d'Internet a été si rapide qu'il a donné lieu plusieurs années durant à une bataille pour imposer des standards. Le Web s'était développé autour d'un standard unique, le HTML, un langage de mise en page développé par Tim Berners Lee au CERN (Centre Européen de Recherche Nucléaire, à Genève). HTML était une base de travail excellente pour la réalisation de pages interactives. Mais c'était une norme trop restrictive. Les insuffisances de l'HTML étaient les suivantes :

- Une fois qu'une page avait été téléchargée sur l'ordinateur de l'internaute, HTML ne permettait pas un échange de données avec le serveur. Le seul mécanisme qui avait été mis en place par les créateurs de HTML était celui des formulaires, mais il ne permettait qu'une interaction limitée,
- HTML était faiblement interactif. Il n'était pas possible de déclencher un événement (comme l'affichage d'une bannière ou le changement de la taille d'une police) en fonction des déplacements de la souris à l'écran. Ce caractère statique ne permettait pas d'attirer l'attention de l'internaute sur une section particulière d'une page,
- HTML n'était pas multimédia. S'il pouvait afficher des images, il n'était pas ouvert aux sons, à l'animation et à la vidéo.

Durant les années 1995 à 1999, une floraison de langages sont apparus afin d'étendre les capacités de HTML et suppléer à de telles restrictions. Seuls quelques-uns d'entre eux sont parvenus à s'imposer. Real Audio, MP3, et WMA sont venus fournir l'audio. AVI et Quicktime ont apporté le support de la vidéo. Flash est devenu le format des animations. L'intégration de ces diverses normes a généralement été rendue possible par le biais de "plug-ins", des logiciels téléchargeables venant enrichir les fonctionnalités du navigateur utilisé.

La situation s'est avérée plus complexe au niveau des langages utilisés pour gérer une programmation plus avancée des pages Web, du fait de l'affrontement, plusieurs années durant, de deux navigateurs : Internet Explorer de Microsoft, et Navigator/Communicator de Netscape.

Dès 1995, Netscape, soutenu par le constructeur Sun et d'autres acteurs de l'informatique tels qu'IBM et Oracle, a soutenu un langage né dans les laboratoires de Sun et appelé Java. Les applications conformes à cette norme produisaient des pages animées et sonorisées, interagissant avec le serveur. Mais Java était complexe à la fois à programmer et à mettre en œuvre, et de plus, il produisait des applications lentes. En parallèle, Netscape a développé un langage intitulé Javascript et permettant l'écriture de "scripts", des programmes directement intégrés dans le navigateur. C'était un langage rigide, avec une syntaxe très précise - l'oubli d'une simple majuscule dans le nom d'une commande ou d'un point-virgule à la fin d'une ligne suffisait à rendre le programme inopérant.

JavaScript a été adopté aussi bien par Netscape que par Internet Explorer. Pourtant, très vite, un problème s'est posé concernant ce langage, car il a évolué rapidement. De fait, une application développée pour une version de Java ne fonctionnait pas forcément si le navigateur prenait en compte une version ultérieure. Or, Netscape 2.0 gérait le JavaScript 1.0, Netscape 3.0, le JavaScript 1.1, Netscape 4.0, le JavaScript 1.2. Pour corser la situation, Internet Explorer, à partir de sa version 3.0 a pris en compte une version de JavaScript intitulée le Jscript et comportant des particularités maison. Durant plusieurs années, les développeurs de sites Web ont dû tenir compte de telles subtilités et bien souvent, ils devaient consacrer des journées entières à vérifier qu'une application fonctionnait aussi bien sous les diverses versions de Netscape et d'Internet Explorer.

Dès 1996, Microsoft a proposé une alternative au JavaScript avec son langage VBScript, inspiré du très populaire Visual Basic. VBScript a les mêmes fonctionnalités que JavaScript mais il est beaucoup plus facile à programmer - c'est le même langage que celui utilisé pour créer des applications sous Word ou Excel à quelques différences près. VBScript étant moins rigide que JavaScript, il est ouvert à la programmation d'applications par un public plus large.

Seulement voilà. Si VBscript est reconnu par toutes les versions de Internet Explorer depuis la 3.0 (publiée en 1996), Netscape, pour sa part, n'a pas intégré le VBScript. Il existe des plug-ins qui comblent un tel manque, notamment un logiciel développé par N-Compass Labs. Cela signifie cependant qu'un utilisateur qui charge un site Web créé avec du VBScript depuis Netscape Communicator doit accepter de patienter tandis qu'un tel plug-in est téléchargé.

Que faire ? Faudrait-il laisser tomber VBScript pour se cantonner au JavaScript, qui en dépit de sa rigidité, est présent sur les deux navigateurs ? Pas le moins du monde...

Qu'on le veuille ou non, la bataille des navigateurs n'existe plus. Internet Explorer s'est imposé, et les utilisateurs de Netscape sont une minorité qui ne cesse de décroître. L'institut eStat a mené une enquête portant sur plus d'un milliard de pages vues entre le 20 août et le 20 octobre 2001 en France et l'analyse qui en ressort montre un leadership sans appel de la part d'Internet Explorer avec une part de marché moyenne de 93,81% (Netscape détenant 4,39 % des parts).

Ce que cela signifie, c'est que l'on peut développer aujourd'hui une application en VBScript et savoir que l'on touchera la quasi-totalité des internautes. Certes, un petit nombre d'utilisateurs ne pourra pas profiter des fonctions avancées du site, mais la facilité de développement que l'on tire du VBScript compense largement cet inconvénient.

L'autre avancée majeure a été celle des feuilles de style .CSS. Elle a permis de dissocier le contenu d'un site Web des instructions de présentation. L'HTML et ses extensions telles que VBScript prennent en charge le premier élément (les informations affichées sur la page). Les feuilles de style prennent en charge la mise en page.

Les feuilles de style sont gérées en totalité par tous les navigateurs depuis Internet Explorer 4.0 et Netscape Navigator 4.0. Autant dire qu'il est possible de les mettre en œuvre en toute quiétude. Les utilisateurs de versions antérieures de ces logiciels deviennent rarissimes.

La première partie de ce livre couvre le thème des feuilles de style - un outil tellement pratique qu'une fois adopté, il devient incontournable.

La seconde partie traite du VBScript et de la façon dont il permet de rendre une page active et dynamique.

La troisième partie, plus courte, s'attarde sur le mariage de deux normes pour produire des présentations interactives.

Avec le VBScript et les feuilles de style .CSS, la programmation d'applications Web sophistiquées est devenue beaucoup plus simple et nous allons en découvrir les éléments essentiels au cours des pages qui suivent.

1 - 2 Editeur de texte HTML

Lorsque l'on écrit des pages HTML simples, il est possible de se contenter d'un simple éditeur de texte tel que le Bloc-notes de Windows. Toutefois, les limitations d'un tel outil apparaissent très rapidement - comme le Bloc-notes n'effectue aucune vérification des erreurs de syntaxe, il faut attendre d'avoir chargé une page Web sous un navigateur pour découvrir ce qu'il faudrait corriger.

Pour écrire du code, il est préférable d'utiliser un éditeur de texte dédié au langage utilisé. Par définition, de tels logiciels font ressortir visuellement les diverses parties d'un langage informatique : commandes, paramètres, variables, etc.

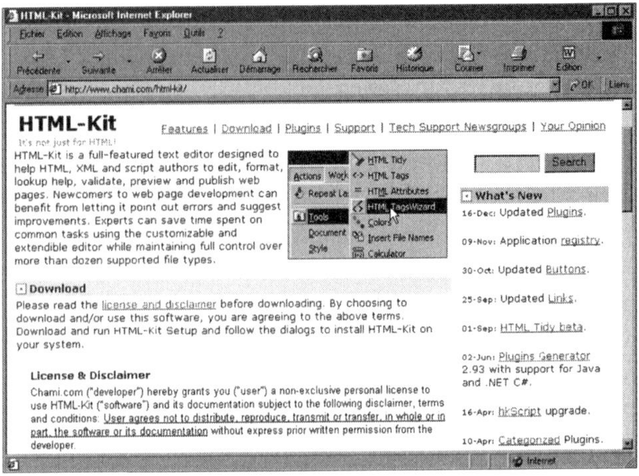

Le site Chami.com, à partir duquel il est possible de télécharger l'éditeur HTML-Kit.

Il existe de très nombreux éditeurs de texte HTML disponibles sur le marché, certains d'entre eux étant gratuits. J'utilise personnellement un freeware américain, HTML-Kit qui est disponible à l'adresse www.chami.com. Particulièrement riche en fonctionnalités, HTML-Kit a pour défaut de ne proposer que des menus en anglais. Si vous ne maîtrisez pas la langue de Shakespeare, vous pouvez trouver un shareware ou un freeware en français sur un site spécialisé tel que Anshare.com, l'annuaire français du shareware.

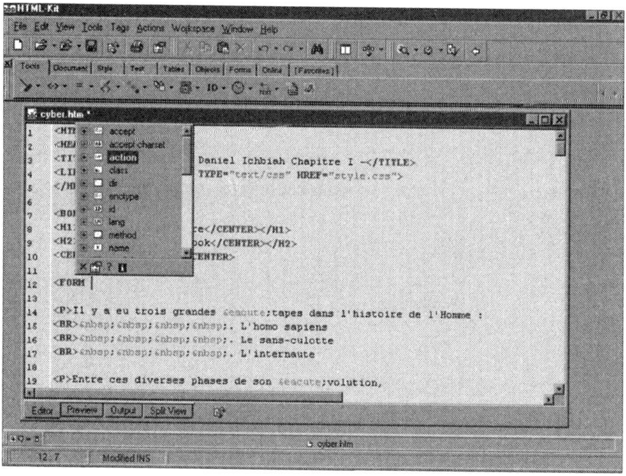

Les éditeurs HTML font ressortir visuellement les commandes HTML. Certains, tel HTML-Kit, aident à construire une commande en faisant apparaître les paramètres dans une fenêtre "pop-up".

Lorsque l'on tape du code au sein d'un éditeur HTML, celui-ci identifie chaque balise et l'affiche alors sous une forme particulière. Il fait de même pour les paramètres de ces balises. Il est ainsi possible de repérer et corriger immédiatement les erreurs de syntaxe. La plupart du temps, l'éditeur de texte vous permet de spécifier les couleurs à afficher pour les balises selon vos préférences.

De plus, un grand nombre de ces logiciels proposent des aides à la construction de telles balises. Ainsi, sous HTML-Kit, lorsque l'on frappe le nom d'une balise, les options relatives à celles-ci apparaissent sous la forme de fenêtres "pop-up". Ce même logiciel peut insérer dans le corps du texte des suites de balises formant une unité, par exemple, les balises HTML relatives à une table

(<TABLE>, <TR>, <TD>...). Il propose de nombreuses aides pratiques telles que le choix des couleurs dans des palettes prédéfinies - le logiciel renvoie alors le code correspondant.

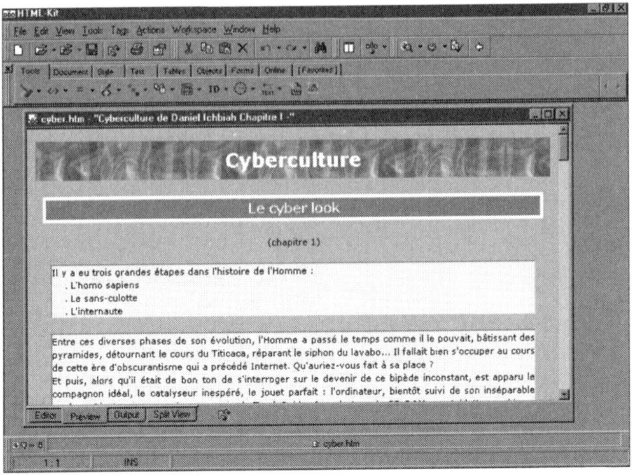

Prévisualisation de la page en cours de mise à jour.

L'une des fonctions appréciables d'un éditeur HTML est la possibilité de prévisualiser l'aspect de la page Web que l'on est en train d'écrire. Il est ainsi possible d'ajuster très rapidement l'aspect de celle-ci.

Un avantage de HTML-Kit, c'est la disponibilité de nombreux plug-ins qui viennent ajouter des fonctionnalités au programme. Il existe notamment des plug-ins qui aident à obtenir de l'aide sur l'écriture de langages de scripts comme Javascript, ASP ou PHP...

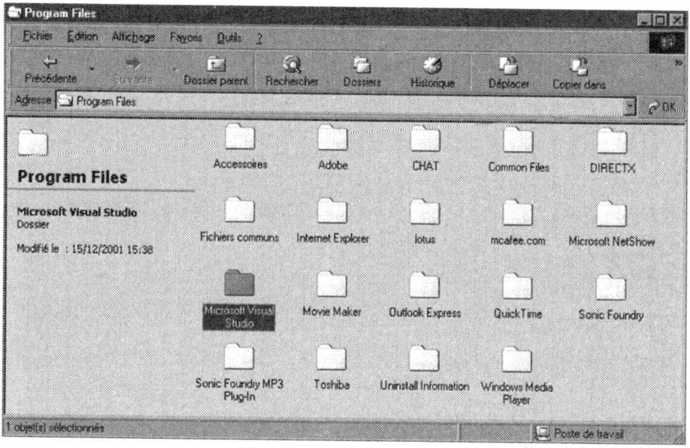

Microsoft Script Editor se trouve dans le sous-dossier Microsoft Visual Studio du dossier Program Files.

En matière d'éditeur de texte français, il existe une solution simple. Si vous disposez d'une version de Microsoft Office récente - 97, 2000 ou supérieure - vous avez probablement sur votre disque dur un éditeur de texte spécialisé dans le traitement des feuilles de style .CSS et du VBScript : Microsoft Script Editor.

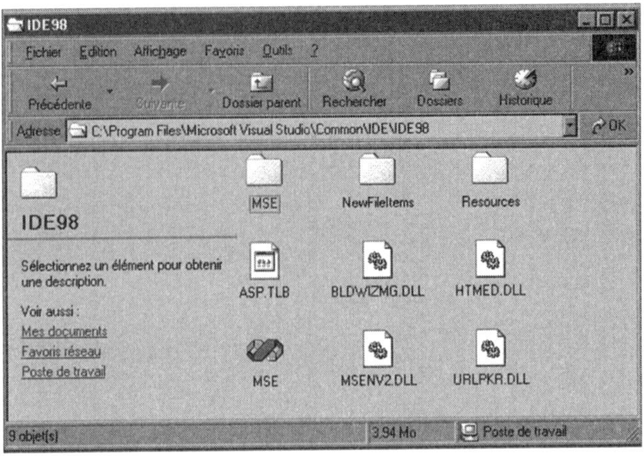

Pour trouver Microsoft Script Editor, il faut descendre le long d'une arborescence de dossiers.

Microsoft Script Editor (MSE) est mis à contribution par Word ou Excel lorsque vous désirez modifier du code HTML directement depuis l'un de ces logiciels de la gamme Office. Mais il est tout à fait possible de l'utiliser indépendamment de tels programmes. Certes, le moins que l'on puisse dire, c'est que Microsoft n'a rien fait pour en clamer son existence et de fait, pour le trouver, il faut quelque peu chercher.

Vous le trouverez dans le sous-dossier Microsoft Visual Studio du dossier Program Files mais il va falloir descendre profondément dans l'arborescence avant de le situer. En effet, et aussi étrange qu'une telle situation puisse paraître, le programme MSE est situé à l'emplacement suivant :

- Program Files/Microsoft Visual Studio/Common/IDE/IDE98/

Bien évidemment, il est recommandé de placer un raccourci de ce logiciel sur le Bureau afin qu'il soit plus aisément à portée de la main.

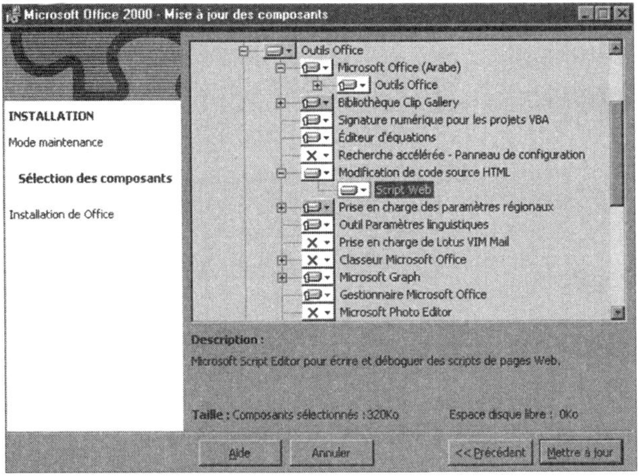

Installation du composant Microsoft Script Editor depuis le CD-ROM de Office.

Si vous ne trouvez pas ce programme sur votre disque dur, il faut alors l'installer depuis un CD-ROM d'Office. Il se trouve dans la section des Outils Office, dans la sous-section Modification de code source HTML. Pour qu'il soit copié sur votre disque, cochez la mention Exécuter depuis le disque dur.

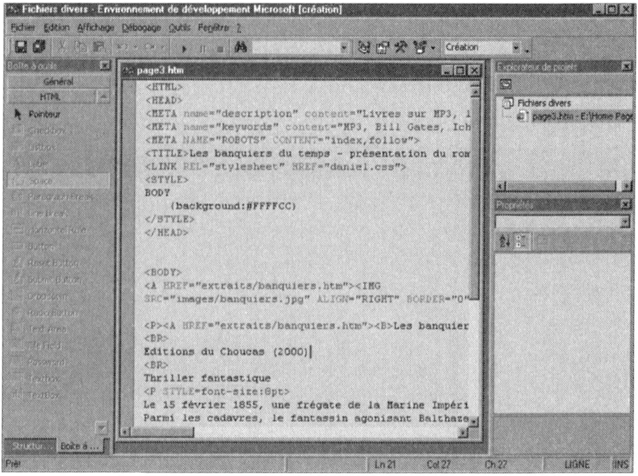

Par défaut, MSE affiche 4 fenêtres à l'écran.

Par défaut, le Microsoft Script Editor est en mode Création et il affiche alors 4 fenêtres à l'écran :

- La page HTML qui est chargée en mémoire se trouve au milieu. Les balises et paramètres apparaissent selon un jeu de couleurs prédéfini.
- La fenêtre Structure du document qui se trouve sur la droite permet d'obtenir, si l'on clique l'onglet Boîte à outils, une liste des principales commandes HTML.
- L'explorateur de projet, sur la droite, permet un accès rapide aux derniers fichiers HTML ouverts.
- Propriétés permet d'afficher les propriétés d'un élément sélectionné dans la fenêtre d'édition (par exemple la vitesse de défilement d'un texte défilant).

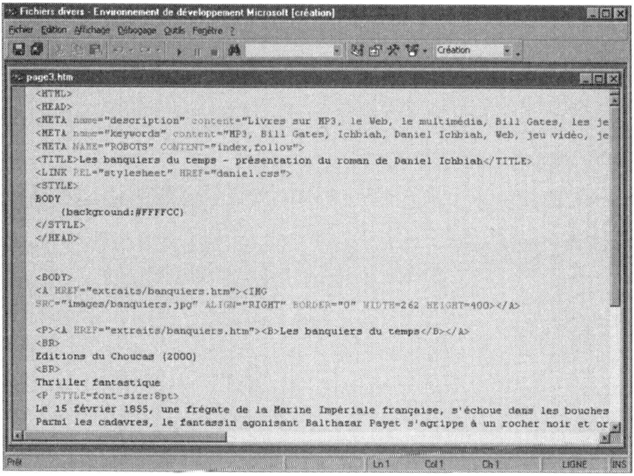

Il est souvent préférable de n'afficher que l'éditeur de texte à l'écran.

Libre à vous d'agencer les fenêtres de l'éditeur de texte comme bon vous semble, mais bien souvent la disposition la plus pratique consiste à ne faire apparaître que l'éditeur de texte lui-même. Il suffit pour cela de fermer les fenêtres de droite et de gauche; le logiciel conserve une telle disposition par la suite.

Les versions précédentes de MSE comportaient une prévisualisation du code directement sous ce logiciel. Les dernières éditions chargent la page sous Internet Explorer et cela prend juste un tout petit peu plus de temps.

MSE est un logiciel pratique, mais comme vous pourrez le constater son système d'aide n'est pas toujours simple à utiliser - il semble que l'aide et le logiciel aient été traduits par des équipes différentes. En revanche, ces pages d'aides seront utiles pour aborder le VBScript.

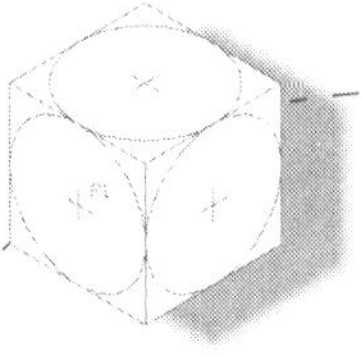

2. Les feuilles de style

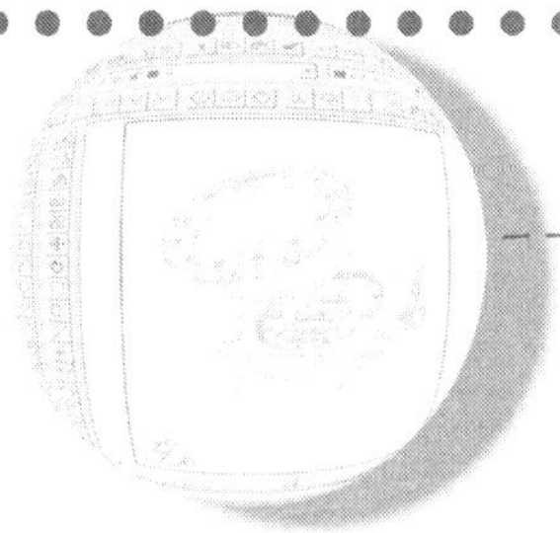

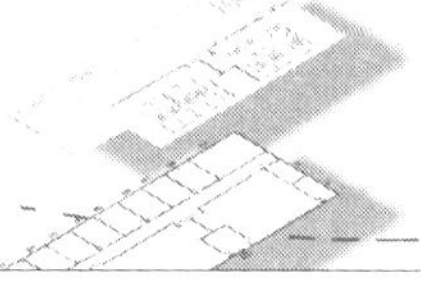

2 - 1 Introduction aux feuilles de style

Lorsque Microsoft Word est apparu en 1985, ce traitement de texte se différenciait de sa concurrence d'alors (Wordstar, WordPerfect, etc.) sur quelques points essentiels comme la gestion de la souris. Mais Word innovait tout particulièrement en introduisant le concept des feuilles de style.

L'idée essentielle ? Placer les instructions de présentation sur un fichier séparé du texte lui-même.

Jusqu'alors, les traitements de texte opéraient toujours sur le même principe : l'utilisateur indiquait les instructions de présentation dans le corps du texte lui-même. S'il voulait définir un titre, il allait placer du Helvetica 24 corps gras et souligné. Pour un sous-titre, il pouvait choisir le Helvetica 14, souligné. Une fois qu'il frappait le texte courant, il passait en Times 12. S'il voulait définir un nouveau sous-titre, il indiquait à nouveau Helvetica 14 souligné, avant de repasser en Times 12.

Ce système avait quatre inconvénients majeurs :

- Indiquer les instructions de présentation au fur et à mesure que l'on créait un document était fastidieux. Il suffisait d'oublier un code de présentation à un endroit donné pour qu'à l'impression, toute une partie du document apparaisse sous une forme inadéquate.

- Modifier l'aspect d'un document était complexe. Si l'on décidait qu'à partir d'aujourd'hui, le texte courant apparaîtrait en Book Antiqua, il fallait intervenir sur des dizaines d'instructions de présentation.
- Il n'était pas aisé de maintenir une homogénéité entre les divers documents d'une même entité. Dans une entreprise, comment pouvait-on éviter qu'un cadre particulier choisisse le Helvetica 10 comme texte courant et le Westminster 20 pour les titres ? Il n'existait pas de méthode simple pour maintenir une unité dans les documents issus de la société.
- Mettre à jour la présentation de documents multiples était plus complexe encore. Si une société, désireuse de moderniser sa communication, décidait d'adopter une nouvelle police de caractères pour son courrier, il n'existait pas de moyen simple permettant une mise à jour de tous les documents existants.

Si vous avez réalisé de nombreux sites Web de manière classique, vous avez probablement identifié les quatre plaies qui affectent ceux-ci. En effet, lorsque l'on indique les instructions de présentation dans le corps du texte, cette écriture est fastidieuse et à la base de nombreuses erreurs. La mise à jour d'une page est ardue et plus encore, le maintien d'une homogénéité entre toutes les pages d'un site Web. Quant à mettre à jour l'aspect des centaines de pages qui peuvent constituer un site, cela paraît souvent hors de question tant la tâche est dantesque.

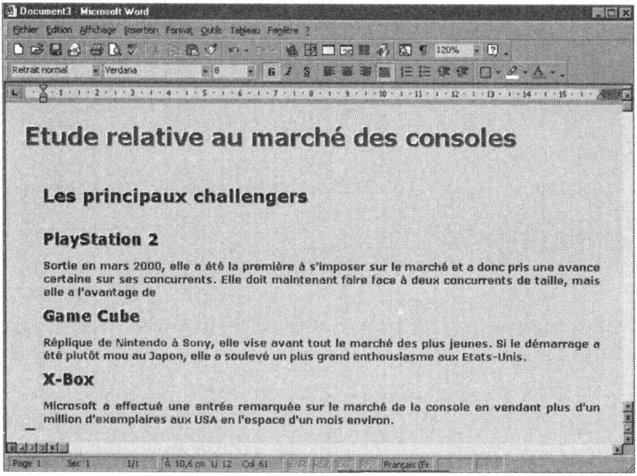

A chaque document Word se trouve rattachée une feuille de style qui décrit la présentation des textes de type Titre 1, Titre 2, Titre 3, Normal…

Les feuilles de style ont résolu ce problème sous Word. Le principe a été adopté par la suite par de nombreux logiciels - tous les traitements de texte ont fini par intégrer ce principe, suivis en cela par les logiciels de mise en page.

Word a institué un principe de base avec quelques inévitables : le style Normal pour le texte courant, les styles Titre 1, Titre 2, Titre 3 et aussi le style affecté au Retrait normal. La feuille de style qui est attachée par défaut au document est Normal.dot. L'utilisateur peut la modifier à volonté selon ses préférences.

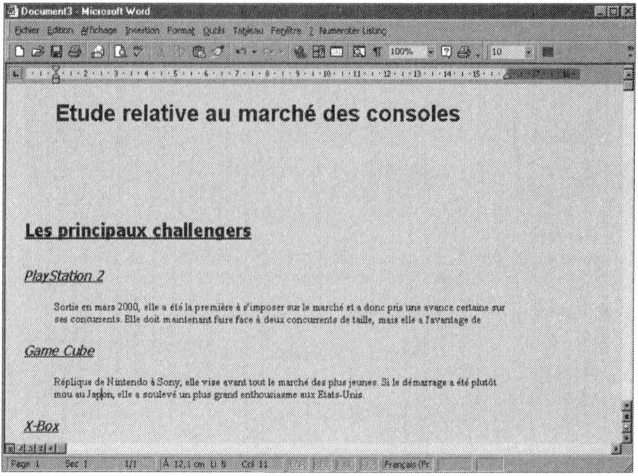

Le même document après qu'une autre feuille de style lui a été rattachée.

Si l'utilisateur d'un document désire en modifier la présentation, il lui faut modifier le fichier Normal.dot ou bien encore attacher une autre feuille de style au document en question. La présentation est instantanément modifiée pour toutes les rubriques du document : Titre 1, Titre 2, texte normal, etc.

Si Normal.dot est la feuille de style utilisée par une société pour ses documents et si un administrateur central décide d'en changer les paramètres, la mise en page change pour tous les documents de l'entreprise et de façon uniforme.

C'est ce même principe exact qui a été adopté pour les pages Web.

Les fichiers .css

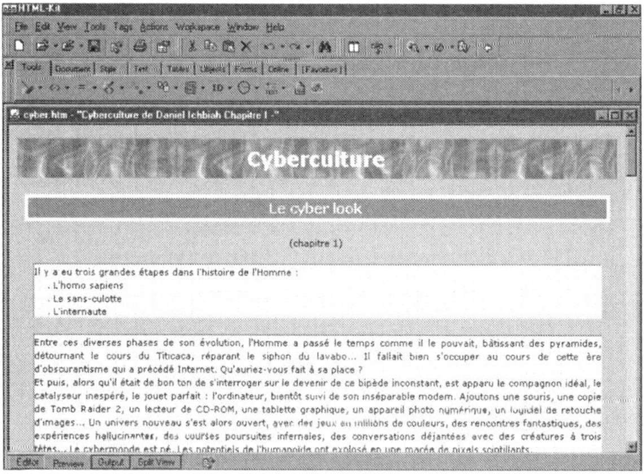

Une page Web à laquelle a été attachée une feuille de style.

A partir du moment où l'on adopte le principe des feuilles de style pour créer des pages Web, toutes les instructions de présentation sont indiquées dans un fichier séparé, portant l'extension .css.

C'est à partir de 1996, conjointement à la sortie de Internet Explorer 3.0, que les feuilles de style .css ont pu être mises à contribution par les Webmestres. Elles ont énormément simplifié la mise en page des sites.

Le fichier .css est un simple fichier texte, tout comme l'HTML, dans lequel l'utilisateur décrit la présentation désirée pour les Titres de niveau 1 (la balise HTML <H1>), de niveau 2 (<H2>), pour les paragraphes courant (balise <P>), etc. Il peut faire de même pour les tableaux, leurs cases individuelles, les formulaires et autres éléments d'une page. La plupart des balises HTML peuvent faire l'objet d'une description spécifique au niveau des .css.

Là n'est pas tout. Le langage mis au point pour les feuilles de style .css autorise des effets de mise en page qui seraient irréalisables en utilisant l'HTML pur (ou bien alors représenteraient un véritable casse-tête). Les .css permettent entre autres :

- de gérer des retraits droite et gauche de la taille désirée,
- d'inclure des bordures personnalisées et des couleurs de fond pour des styles de paragraphes,
- de placer certains titres sous forme verticale.

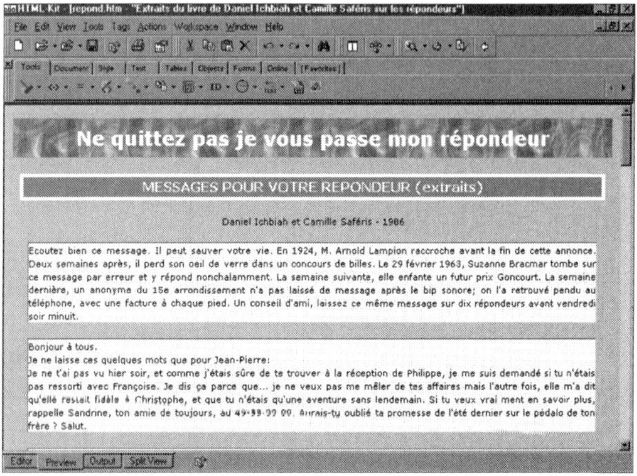

La même feuille de style appliquée à une autre page Web.

Avec un tel outil, maintenir l'homogénéité d'un site devient extrêmement simple. Chaque page rattachée à la feuille de style .css adopte instantanément le même aspect que les autres !

Il en résulte un gain de temps énorme pour le concepteur de pages Web, mais aussi la certitude qu'aucun paragraphe ne sera formaté incorrectement du fait d'avoir oublié un paramètre dans une balise <P> ou autre.

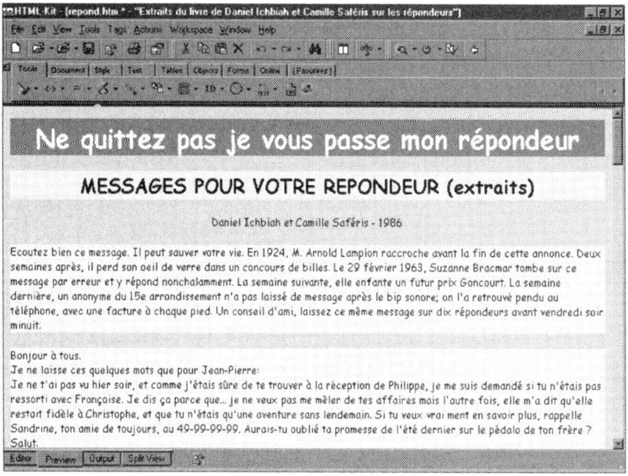

Si l'on modifie la feuille de style, l'ensemble de la page est reformaté.

Qui plus est, le système des feuilles de style permet de faire évoluer en douceur la présentation d'une page puisqu'il suffit de modifier le fichier .css pour que son aspect soit modifié.

Toutefois, l'immense avantage d'un tel système, c'est qu'une simple mise à jour dans le fichier .css permet de faire évoluer l'apparence d'un site entier. Des centaines de pages sont immédiatement affichées sous un autre aspect. Autant dire qu'il s'agit d'un système incontournable pour quiconque gère un site Web.

Compatibilité avec les anciens navigateurs

Le système des feuilles de style est tellement pratique que l'on peine à trouver la moindre raison de ne pas l'utiliser. Il y en aurait tout de même une : certains navigateurs très anciens ne reconnaissent pas les .css ou bien alors de manière imparfaite.

Ainsi, Internet Explorer 3.0 ne gère qu'une partie des codes .css ; les attributs de police (taille, couleur, etc.). Il a fallu attendre la sortie d'Internet Explorer 4.0, en 1997, pour qu'elles soient gérées dans leur totalité. Il en est de même pour Netscape qui ne gère les feuilles de style que depuis la version 4.0 - appelée Communicator - apparue là encore vers 1997. Les versions antérieures de Netscape ne gèrent aucune fonctionnalité des feuilles de style.

Il existe certes quelques utilisateurs équipés de très vieilles machines qui pourraient encore se servir de navigateurs tels que Netscape Navigator 3.0 ou Internet Explorer 3.0. Mais ils sont tellement rares qu'un Webmestre peut prendre le parti d'ignorer ces populations. Ces utilisateurs verraient le site Web apparaître avec une présentation minimale, celle qui est appliquée par défaut aux pages Web - texte noir sur fond blanc.

La souplesse, la richesse en termes de possibilités et la cohérence que l'on tire de l'utilisation des feuilles de style sont suffisantes pour que n'importe quel créateur de site décide d'adopter ce système. Les pages qui suivent devraient aisément vous en convaincre.

2 - 2 Association d'une feuille de style à une page HTML

L'essence des feuilles de style consiste à séparer les instructions de présentation de la page Web elle-même.

Les instructions de présentation sont définies dans un langage propre aux feuilles de style et appelé CSS. CSS est une abréviation de l'anglais Casacading Style Sheet, qui signifie Feuilles de Style en Cascade. La signification détaillée de l'expression "en Cascade" est donnée au chapitre suivant. Retenons pour le moment qu'elle signifie que les styles pourront intervenir à trois niveaux :

- au niveau d'un fichier .css externe,
- au niveau de la page HTML elle-même,
- au niveau d'une balise HTML donnée.

Dans ce chapitre, nous ne nous intéresserons qu'au premier cas de figure, celui d'un fichier .css externe aux pages Web, et à l'intérieur duquel sont indiquées les instructions de présentation.

La norme CSS

La norme CSS a été définie par un comité, le W3C, qui est en charge d'édicter les standards du World Wide Web. Depuis la spécification originelle, le CSS, qui était en vigueur en 1997, elle a subi une évolution majeure, appelée CSS 2 et publiée en 1998. Toutefois, les différences entre ces deux normes sont minimes.

La page Web correspondant aux spécifications officielles du CSS 2 se trouve à cette adresse : *http://www.w3.org/TR/REC-CSS2*. Le document est en américain.

Comment fonctionne une feuille de style

Un fichier .css est un simple fichier texte, contenant des instructions de style. Ces instructions sont affectées à des balises d'une feuille HTML. Pour établir la correspondance, le nom de la balise est indiqué dans le fichier .css, mais sans les signes < et >.

Voici un exemple concernant les balises <H1>, <H2>, <P> et <TR> :

```
H1
        {
                font-size:24pt;
                background-color:black;
                color:white;
        }
H2
        {
                font-size:18pt;
                background-color:black;
                color:white
        }
P
        {
                font-size:12pt
        }
TR
        {
                font-size:10pt
        }
```

Dans cet exemple, nous définissions une taille de fonte égale à 24 points pour la balise <H1>, à 18 points pour la balise <H2>, à 12 points pour la balise <P> et à 10 points pour la balise <TR>.

Qui plus est, pour la balise <H1> comme pour la balise <H2>, nous indiquons que la couleur de fond sera le noir et la couleur des caractères, le blanc.

Nous pouvons remarquer ici quelles sont les règles syntaxiques s'appliquant aux feuilles de style :

- Le nom de la balise qui doit faire l'objet d'un style est indiqué seul - sans les signes < et >.
- Le nom de la balise est suivi d'une liste de mots-clés CSS situés entre deux accolades { et }.
- Les mots-clés de la norme .css qui servent à décrire le style, comme par exemple **font-size** (taille de la fonte), **color** (couleur des caractères) ou **background-color** (couleur d'arrière-plan), sont suivis de deux points (:) et d'une valeur.
- Chaque couple mot-clé/valeur est suivi d'un point-virgule.
- Dans le cas du dernier couple mot-clé/valeur décrivant la présentation d'une balise, le point-virgule n'est pas obligatoire.

Un tel document texte serait sauvegardé avec un nom tel que **essai.css**.

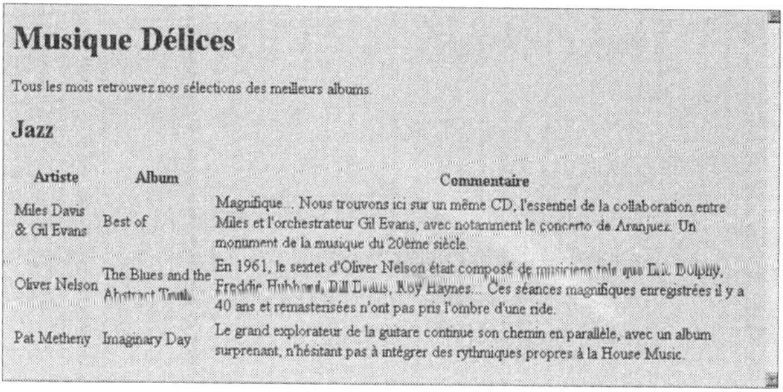

Musique Délices

Tous les mois retrouvez nos sélections des meilleurs albums.

Jazz

Artiste	Album	Commentaire
Miles Davis & Gil Evans	Best of	Magnifique... Nous trouvons ici sur un même CD, l'essentiel de la collaboration entre Miles et l'orchestrateur Gil Evans, avec notamment le concerto de Aranjuez. Un monument de la musique du 20ème siècle.
Oliver Nelson	The Blues and the Abstract Truth	En 1961, le sextet d'Oliver Nelson était composé de [illegible] Dolphy, Freddie [illegible], Roy Haynes... Ces séances magnifiques enregistrées il y a 40 ans et remasterisées n'ont pas pris l'ombre d'une ride.
Pat Metheny	Imaginary Day	Le grand explorateur de la guitare continue son chemin en parallèle, avec un album surprenant, n'hésitant pas à intégrer des rythmiques propres à la House Music.

Une page du site Web, pour l'heure sans aucune instruction de présentation.

Nous allons appliquer cette feuille de style à une page d'un site Web, dont voici le code :

```
<HTML>

<HEAD>
<TITLE></TITLE>
</HEAD>

<BODY>
<H1>Musique Délices</H1>
<P>
Tous les mois retrouvez nos sélections des meilleurs albums.

<H2>Jazz</H2>

<TABLE>
<THEAD>
        <TH>Artiste
        <TH>Album
        <TH>Commentaire
<TR>
        <TD>Miles Davis & Gil Evans
        <TD>Best of
        <TD>Magnifique... Nous trouvons ici sur un même CD,
        l'essentiel de la collaboration entre Miles et l'orchestra-
        teur Gil Evans, avec notamment le concerto de
        Aranjuez. Un  monument de la musique du 20ème
        siècle.
<TR>
        <TD>Oliver Nelson
```

```
        <TD>The Blues and the Abstract Truth
        <TD>En 1961, le sextet d'Oliver Nelson était composé
        de musiciens tels que Eric Dolphy, Freddie Hubbard,
        Bill Evans, Roy Haynes... Ces séances magnifiques
        enregistrées il y a 40 ans et remasterisées n'ont pas
        pris l'ombre d'une ride.
<TR>
        <TD>Pat Metheny
        <TD>Imaginary Day
        <TD>Le grand explorateur de la guitare continue son
        chemin en parallèle, avec un album surprenant, n'hési-
        tant pas à intégrer des rythmiques propres à la House
        Music.
</BODY>

</HTML>
```

Pour l'heure, nous n'avons indiqué aucune instruction de présentation au sein du code HTML et la page est donc affichée avec les paramètres par défaut (texte en Times Roman aligné sur la gauche, noir sur fond blanc, etc.).

Pour que la feuille de style essai.css puisse être appliquée à une telle page Web, il faut indiquer une balise <LINK> (lien) à l'intérieur des balises d'en-tête de la page (<HEAD> et </HEAD>) ayant la forme suivante :

```
<LINK REL="stylesheet" TYPE="text/css" HREF="essai.css">
```

Cette commande indique qu'il faut relier la page HTML à une feuille de style, de type .css et donne sa référence.

Il est possible d'omettre la partie TYPE à l'intérieur d'une telle commande HTML, auquel cas, nous aurions la forme suivante :

```
<LINK REL="stylesheet" HREF="essai.css">
```

Si la feuille de style essai.css se trouve dans un autre dossier que la page HTML elle-même, il faudrait bien évidemment indiquer son adresse, en utilisant des barres inclinées vers la droite pour ce faire. Par exemple :

```
<LINK REL="stylesheet" HREF="styles/essai.css">
```

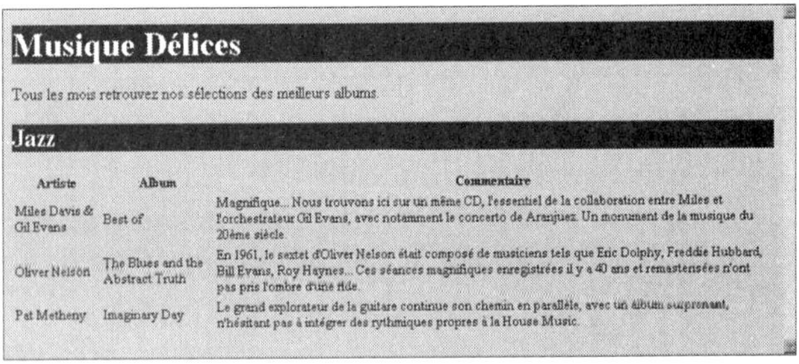

Application d'un style à la page Web.

Dans l'exemple de la page HTML présenté plus haut, ajoutons la balise <LINK> dans l'en-tête :

```
<HEAD>
<TITLE></TITLE>
<LINK REL="stylesheet" HREF="essai.css">
</HEAD>
```

Si nous réaffichons la page, elle a alors l'apparence de la figure ci-dessus.

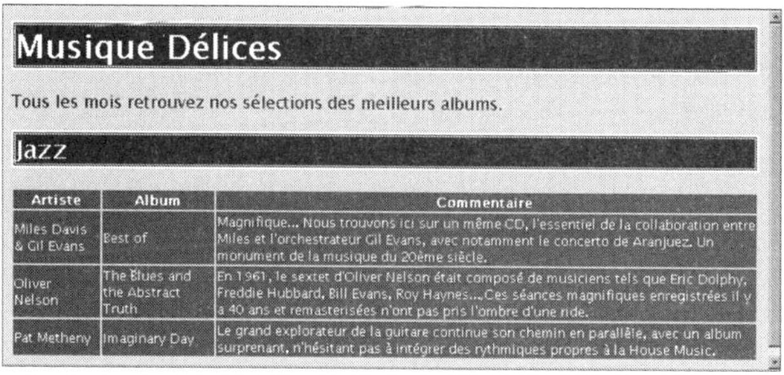

Affichage de la page Web après mise à jour du style.

A présent, nous pouvons modifier à loisir la feuille de style et observer immédiatement les répercussions sur la page Web. Nous allons ainsi définir la balise BODY et indiquer une famille de fonte (**font-family**) pour toute la page Web. Nous spécifions par ailleurs un fond bleu pour les cases du tableau avec une police de couleur blanche.

Les spécifications de style abordées jusqu'ici simulent des présentations disponibles à partir de l'HTML. Mais la norme .css propose des effets qui vont bien au-delà de ceux disponibles avec l'HTML, comme des styles de bordure, avec la commande **border-style**. Nous appliquons ici une bordure formée d'une ligne double sur les balises <H1> et <H2> :

```
BODY
        {
```

```
                font-family:Lucida Sans Unicode;
        }
H1
        {
                font-size:24pt;
                background-color:black;
                color:white;
                border-style:double;
        }
H2
        {
                font-size:18pt;
                background-color:black;
                color:white;
                border-style:double
        }
P
        {
                font-size:12pt
        }
TR
        {
                font-size:10pt;
                background-color:blue;
                color:white;
        }
```

La présentation de la page HTML est immédiatement affectée par ces modifications.

Création d'une feuille de style avancée

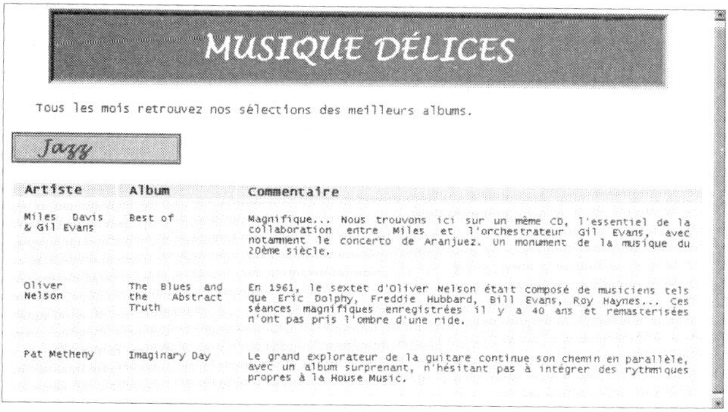

Association d'une feuille de style plus avancée à notre page Web.

Il est possible d'associer de nombreuses commandes .css à chaque balise HTML et de définir ainsi des présentations sophistiquées. Ainsi, dans cet exemple, nous avons associé à la page Web définie plus haut une feuille de style plus avancée, **delice.css**. Etudions-en les éléments :

```
BODY
        {
        background-color:#ffff99;
        font-family:Lucida Console;
        }
```

Les éléments qui interviennent sur la page entière sont définis au niveau de la balise <BODY>. Le code de couleur est défini sous forme d'un nombre hexadécimal. Ce système est couramment utilisé pour définir les palettes de couleurs dans les PC et Macintosh. Nous le retrouvons dans des logiciels tels que Photoshop, Word, Paint Shop Pro ou encore dans les principaux éditeurs HTML. Généralement, l'utilisateur puise dans une palette de couleurs et le logiciel renvoie le code hexadécimal correspondant. Ce système de notation fait l'objet d'une description plus précise dans le chapitre 3 - 2 "Couleurs et fonds de pages" - section "Notation des couleurs en hexadécimal".

```
H1
    {
    color:white;
    background-color:#996633;
    font-family:Lucida Handwriting Italique;
    font-size:24pt;
    font-weight:bolder;
    margin-right:30pt;
    margin-left:30pt;
    border-style:inset;
    border-width:thick;
    text-align:center;
    font-variant:small-caps;
    height:1.8em;
    padding-top:0.4em;
    padding-bottom:0.4em;
    }
```

La description de la balise <H1> fait intervenir un grand nombre de commandes .css. Examinons celles que nous n'avons pas encore rencontrées :

- **font-weight** influe sur la graisse de la police et peut prendre des valeurs telles que **bold** (gras), **bolder** (gras intense, la valeur utilisée ici) ou **lighter** (épaisseur plus fine que la police en mode normal).
- **margin-right** et **margin-left** permettent de définir la taille des marges droite et gauche. Leur présence explique pourquoi la bordure entourant le titre 1 est décalée par rapport aux marges.
- **border-style** définit le style de bordure et celle choisie ici, **inset**, donne l'impression que le titre est placé sur un plan plus élevé que le reste du texte.
- **border-width** influe sur la taille de la bordure. Le paramètre **thick** est celui qui correspond à la taille la plus élevée.
- **text-align** gère l'alignement du texte par rapport aux marges.
- **font-variant** transforme le texte en fonction du paramètre indiqué; **small-caps** correspond à de petites capitales.
- **height** permet d'indiquer une hauteur pour le bloc de texte correspondant à la balise. Dans cet exemple, il est égal à 1,8 fois la hauteur de la police (l'unité **em** correspond à la hauteur de police).
- **padding-top** et **padding-bottom** permettent de définir un espace d'encadrement à l'intérieur du bloc de texte. Il est ici égal à chaque fois à 0,4 fois la hauteur de la police.

Les paramètres de la balise <H2> sont les suivants :

```
H2
        {
        color:#663300;
        background-color:#66ccff;
        font-family:Lucida Handwriting Italique;
        font-size:14pt;
        width:10em;
        border-style:double;
        text-indent:20pt;
        }
```

Deux nouvelles balises sont utilisées ici :

- **width** permet de définir une largeur pour le bloc de texte. Il est ici égal à 10 fois la hauteur d'une police. En limitant la taille du bloc, nous définissons une bordure plus réduite que la largeur de la fenêtre.
- **text-indent** permet de décaler le texte de la valeur indiquée. En fait, cette commande porte sur la première ligne d'un paragraphe.

Les commandes correspondant à la balise <P> ont déjà été abordées :

```
P
        {
        font-size:10pt;
        margin-left:20pt;
        margin-right:20pt;
        }
```

Dans cette feuille de style, nous définissons un style différent pour les titres du tableau (balise <TH>) et pour les données (balise <TD>). Voici les commandes correspondant à <TH> :

```
TH
        {
        font-size:10pt;
        background-color:#ffcccc;
        text-align:left;
        padding-left:10pt;
        padding-right:10pt;
        }
```

Deux des commandes de style méritent ici notre attention :

- **text-align:left** indique qu'il faut aligner le texte sur la gauche. Nous indiquons cette commande du fait que, par défaut, les titres d'un tableau sont affichés sous forme centrée.
- **padding-left** et **padding-right** fonctionnent comme les commandes **padding-top** et **padding-bottom** examinées pour la balise H1. Elles définissent un encadrement sur la gauche et sur la droite.

Les commandes correspondant à la balise <TD> sont les suivantes :

```
TD
        {
        font-size:8pt;
```

```
background-color:#ccffcc;
vertical-align:top;
text-align:justify;
padding-top:10pt;
padding-bottom:10pt;
padding-left:10pt;
padding-right:10pt;
}
```

Parmi ces commandes, nous remarquons ce qui suit :

- **vertical-align** permet d'indiquer un alignement vertical du texte dans la case. Avec la variable **top**, il est affiché au sommet de la case.
- **text-align:justify** affiche du texte justifié à l'intérieur des cases de tableau.
- les commandes **padding-top**, **padding-bottom**, **padding-left** et **padding-right** définissent un encadrement tout autour du texte de chaque cellule.

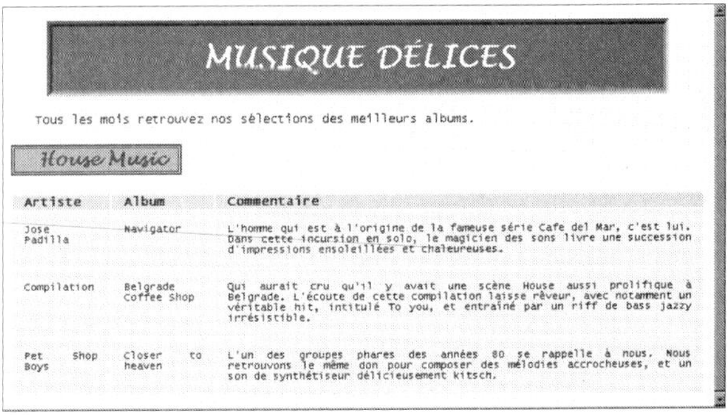

Les autres pages du même site sont affichées avec la même présentation exacte.

Comme nous l'avons souligné lors du chapitre précédent, une fois qu'une feuille de style .css a été définie, les instructions de présentation sont appliquées à l'intégralité du site. Il suffit d'indiquer la fameuse balise <LINK> qui établit le lien avec la feuille de style et ce, une fois pour toutes.

Dans l'exemple ci-dessus, c'est donc un tout petit fichier texte, de 955 Ko, qui gère l'intégralité de la présentation d'un site, qu'il comporte dix, cent ou des milliers de pages. Et comme nous allons le voir, la mise à jour est aussi simple.

Mise à jour du style

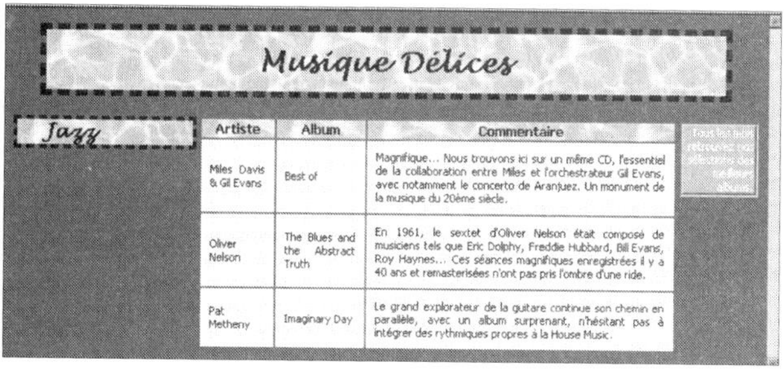

Mise à jour de la feuille de style :
la présentation du site est totalement renouvelée.

Si, au bout de six mois, nous désirons donner l'impression que le site évolue, il suffit pour ce faire de modifier la feuille de style afin de recomposer la présentation.

Dans l'exemple ci-dessus, nous avons utilisé une image comme fond de page pour certaines balises, et modifié bien d'autres détails : bordures, police, fond de page, positionnement vertical des données dans le tableau, etc.

Toutefois, le point le plus impressionnant si vous avez déjà conçu des pages Web, vient de ce que les paragraphes de type <P>, le titre <H2> et le tableau sont placés côte à côte et dans un ordre différent de leur apparition dans la page HTML. Nous allons détailler plus bas la façon dont cet effet a été créé.

La nouvelle mise en page est immédiatement appliquée à l'intégralité du site.

Comme il se doit, la nouvelle mise en page renouvelle immédiatement l'aspect de toutes les pages du site Web, quel que soit leur nombre. Par le passé, en utilisant des commandes HTML, il aurait peut-être fallu modifier des centaines de fichiers pour obtenir une pareille mise à jour, avec tous les risques d'erreur que cela comporte. Malgré cela, la mise en page obtenue eût été beaucoup moins recherchée que celle permise par les commandes .css utilisées ici. Enfin, il aurait fallu télécharger à nouveau toutes ces pages HTML sur le site du fournisseur d'accès.

Dans le cas des feuilles de style .css, il suffit de télécharger un seul fichier vers l'ordinateur du fournisseur d'accès pour opérer cette mise à jour intégrale de la présentation du site.

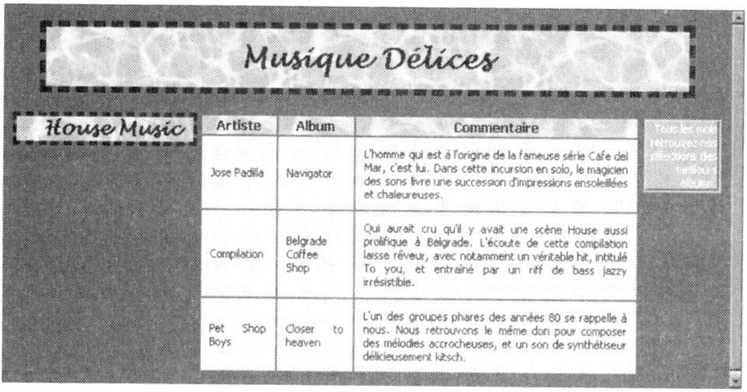

*Le placement de blocs de texte côte à côte est obtenu avec la commande **float**.*

C'est la commande **float** qui permet de placer des blocs de texte côte à côte. D'ordinaire en HTML, chaque indication d'une balise telle que <P>, <H2> ou <TABLE> provoque l'insertion d'une nouvelle ligne :

```
<P>
Tous les mois retrouvez nos sélections des meilleurs albums.
<H2>House Music</H2>
<TABLE>
```

La commande float indique que le bloc de texte qui va suivre doit être placé sur le même niveau. Il est suivi d'une valeur indiquant si le bloc est ancré à gauche ou à droite. Dans notre exemple, le paragraphe <P> est placé sur la droite avec float:right :

```
P
        {
        float:right
        }
```

Le bloc <H2> vient alors se placer sur le même niveau que le bloc <P>, mais sur sa gauche.

Mais dans l'exemple ci-dessus, nous avons indiqué une commande de flottement pour <H2> :

```
H2
        {
        float:left
        }
```

Nous indiquons ici que le bloc qui suit <H2> ne doit pas être affiché sur la ligne inférieure, mais sur la même ligne, celui gouverné par H2 étant sur sa gauche.

C'est ainsi que nous retrouvons l'alignement suivant :

<H2> sur la gauche, le tableau sur sa droite, et le paragraphe <P> à droite.

Voici l'intégralité de la nouvelle feuille de style :

```
BODY
        {
        background-color:#666666;
        font-family:Tahoma;
        }
H1
```

```
        {
        background-image:URL(fondwater.jpg);
        font-family:Lucida Handwriting Italique;
        font-size:20pt;
        font-weight:bold;
        margin-right:20pt;
        margin-left:20pt;
        border-style:dashed;
        border-width:thick;
        text-align:center;
        height:1.8em;
        padding-top:0.4em;
        padding-bottom:0.4em;
        }
H2
        {
        background-image:URL(fondwater.jpg);
        font-family:Lucida Handwriting Italique;
        font-size:14pt;
        width:10em;
        border-style:dashed;
        text-indent:20pt;
        float:left;
        }
P
        {
        font-size:8pt;
        width:60pt;
        background-color:#99cccc;
        color:white;
        text-align:right;
```

```
        border-style:groove;
        float:right;
        }
TH
        {
        font-size:10pt;
        background-image:URL(fondwater.jpg);
        }
TD
        {
        font-size:8pt;
        background-color:#ccffff;
        vertical-align:middle;
        text-align:justify;
        padding-top:5pt;
        padding-bottom:5pt;
        padding-left:5pt;
        padding-right:5pt;
        border-style:solid;
        border-color:white;
        border-width:thin;
        }
```

Voici quels sont les paramètres ou commandes que nous n'avons pas encore vus dans cette nouvelle feuille de style :

- **border-style:dashed** crée une bordure de style pointillé.
- **background-image:URL()** permet de placer un fond de page en arrière d'un bloc de texte. Cet effet est là encore une spécialité des .css.

- **border-style:groove** crée une bordure analogue à un sillon.
- **vertical-align:middle** aligne le texte placé à l'intérieur des cases au centre, sur le plan vertical.
- **border-style:solid** crée une ligne de bordure.
- **border-color:white** permet de choisir la couleur de la bordure.
- **border-width:thin** réduit la taille de la bordure.

Pour qu'il vous soit plus facile d'utiliser ces diverses commandes de la norme .css, la 3ème partie de ce guide est un "Guide visuel des feuilles de style" qui présente les principales commandes, agrémentées d'un visuel.

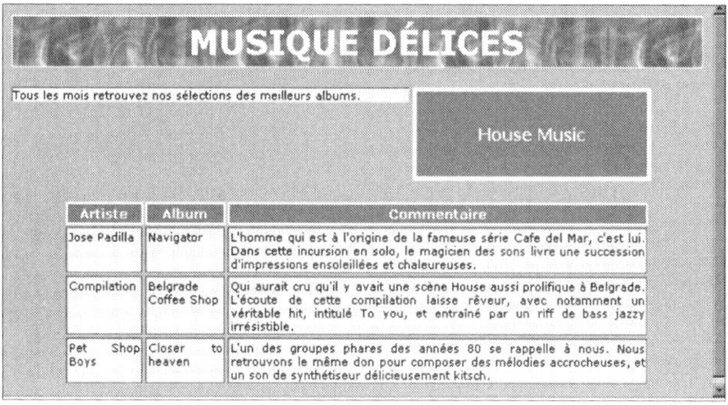

Une troisième mise en page pour le même site.

Ce renouvellement du site peut être effectué de manière régulière. Dans cet exemple, nous avons utilisé une troisième forme de mise en page, toujours pour le même site. Le code de cette feuille de style est le suivant :

```
BODY
        {
        background:"#99CCFF";
        font-family:"Verdana";
        }
H1
        {
        background-image:URL(fondmm.jpg);
        line-height:36pt;
        font-size:24pt;
        color:white;
        border-style:solid;
        border-width:1px;
        border-color:white;
        text-align:center;
        text-transform:uppercase;
        }
H2
        {
        font-size:12pt;
        width:180pt;
        height:5em;
        padding-top:2em;
        padding-bottom:2em;
        text-align:center;
        background:#6699CC;
        color:white;
        border-style:solid;
        border-color:white
        }
```

```
P
        {
        font-size:8pt;
        width:300pt;
        border-style:groove;
        border-width:1px;
        background:#CCFFFF;
        float:left;
        }
TABLE
        {
        margin-left:40pt;
        margin-right:40pt;
        }
TH
        {
        font-size:10pt;
        line-height:12pt;
        background:#6699CC;
        color:white;
        font-weight:bold;
        border-style:solid;
        border-width:2px;
        border-color:white
        }
TD
        {
        font-size:8pt;
        vertical-align:top;
        text-align:justify;
        border-style:groove;
```

```
border-width:thin;
background:#CCFFFF;
}
```

Nous avons abordé la plupart de ces commandes. Les différences portent sur des détails :

- **line-height** permet de définir une hauteur pour la ligne courante,
- **border-width:1px** - dans cet exemple, la taille de la bordure est définie en pixels, car nous la désirons la plus petite possible.
- **text-transform:uppercase** convertit le texte du bloc correspondant en majuscules.

A ce stade, vous êtes probablement convaincu de l'utilité des feuilles de style. C'est l'outil le plus pratique et le plus aisé à manipuler inventé jusqu'à ce jour pour la gestion des sites Web.

2 - 3 Feuilles de style en cascade

Le terme CSS signifie Cascading Style Sheet, soit Feuilles de style en cascade. Pourquoi une telle expression ? Parce qu'il est possible de définir les feuilles de style sur trois niveaux :

- un fichier .css externe aux pages Web,
- à l'intérieur d'une balise <STYLE> située à l'intérieur de l'en-tête d'une page,
- en tant que paramètre STYLE spécifique d'une balise donnée.

La spécification de style local l'emporte sur la spécification générale. En d'autres termes :

- Une spécification de style située dans une balise <STYLE> sera prioritaire par rapport à celles définies dans le fichier .css.
- L'indication d'un paramètre STYLE au sein d'une balise sera prioritaire par rapport à la balise <STYLE> et par rapport au fichier .css.

Nous allons voir concrètement comment un tel système fonctionne au travers d'un exemple précis.

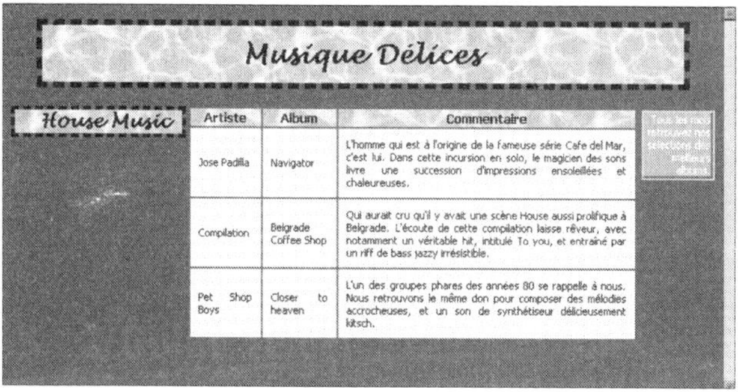

Une page Web dont la présentation est gouvernée par une feuille .css.

Au cours du chapitre précédent, nous avons étudié une feuille de style, *delice.css*, qui gérait la présentation de la page Web ci-dessus. La présentation des cases du tableau était gérée par le code suivant :

```
TD
        {
        font-size:8pt;
```

```
background-color:#ccffff;
vertical-align:middle;
text-align:justify;
padding-top:5pt;
padding-bottom:5pt;
padding-left:5pt;
padding-right:5pt;
border-style:solid;
border-color:white;
border-width:thin;
}
```

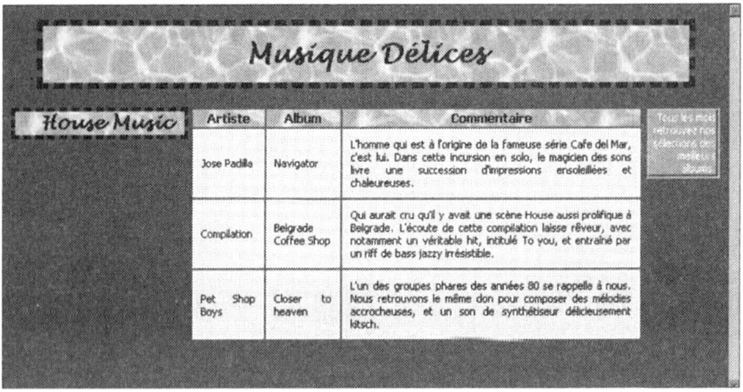

Redéfinition des cases du tableau, au niveau local.

Dans l'en-tête de la page Web elle-même, *house.htm*, à la suite d'une balise <STYLE>, nous pouvons redéfinir certains paramètres des cases de ce tableau :

```
<HEAD>
<TITLE></TITLE>
```

```
<LINK REL="stylesheet" TYPE="text/css" HREF="delice.css">
<STYLE>
TD
        {
        padding-top:10pt;
        padding-bottom:10t;
        padding-left:10pt;
        padding-right:10pt;
        border-width:thick;
        }
</STYLE>
</HEAD>
```

En modifiant ces balises, nous agrandissons l'espace encadrant le texte dans les cases du tableau, et aussi la taille de la bordure.

La page *house.htm* serait la seule à faire apparaître une telle différence au niveau de la présentation du site.

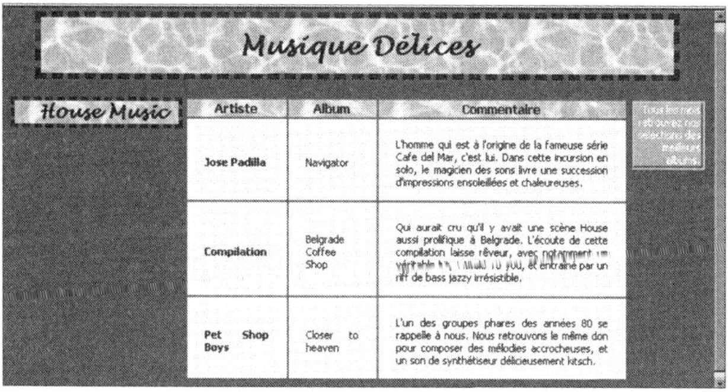

Modification du style au niveau de certaines balises <TD>.

Nous pouvons enfin redéfinir le style de certaines des cases gérées par les balises <TD>. Dans le présent exemple, nous ajoutons une commande de style, **font-weight:bold**, qui provoque un affichage du texte en gras.

Nous pouvons de cette façon afficher les cases de la première colonne avec une police grasse en indiquant le paramètre STYLE dans certaines des balises <TD>. La forme est la suivante :

```
<TR>
        <TD STYLE="font-weight:bold">Jose Padilla
        <TD>Navigator
        <TD>L'homme qui est à l'origine de la fameuse série
Cafe del Mar, c'est lui. Dans cette incursion en solo, le magi-
cien des sons livre une succession d'impressions ensoleillées et
chaleureuses.
<TR>
        <TD STYLE="font-weight:bold">Compilation
        <TD>Belgrade Coffee Shop
        <TD>Qui aurait cru qu'il y avait une scène House aussi
        prolifique à Belgrade. L'écoute de cette compilation
        laisse rêveur, avec notamment un véritable hit, intitulé
        To you, et entraîné par un riff de bass jazzy irrésistible.
<TR>
        <TD STYLE="font-weight:bold">Pet Shop Boys
        <TD>Closer to heaven
        <TD>L'un des groupes phares des années 80 se rap-
        pelle à nous. Nous retrouvons le même don pour com-
        poser des mélodies accrocheuses, et un son de syn-
        thétiseur délicieusement kitsch.
```

Certes, il est préférable de gérer l'intégralité de la présentation d'un site à partir d'un fichier .css externe, car une telle organisation facilite énormément la maintenance du site. Il pourra toutefois y avoir des cas où de tels aménagements locaux seront nécessaires pour faire ressortir telle ou telle page de votre site Web.

3. Guide visuel des feuilles de style

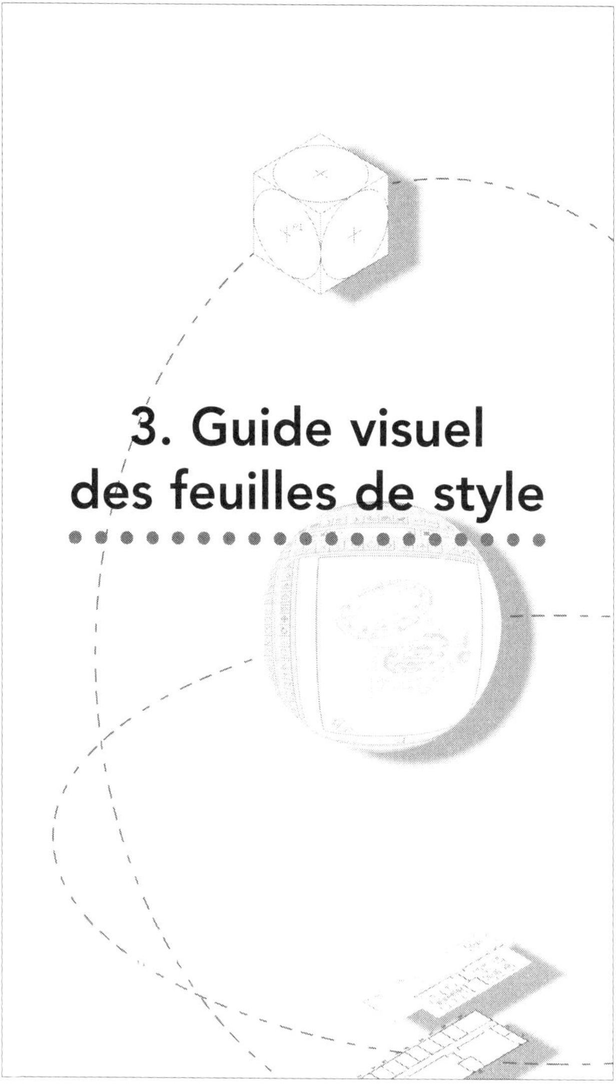

3 - 1 Guide visuel

Les feuilles de style sont un outil de présentation. Elles interviennent sur la forme de la page plutôt que sur son contenu.

Pour qu'il vous soit possible d'aménager la mise en page de vos sites Web de façon optimale, cette section du livre présente toutes les commandes relatives aux styles, avec un exemple visuel. De cette manière, vous pourrez du premier coup d'œil repérer l'effet exact que vous pourriez chercher à produire, et les commandes exactes à indiquer.

Nous avons divisé cette section en plusieurs parties :

- les commandes de styles relatives aux couleurs et fonds de page
- les commandes portant sur les polices de caractères
- les commandes relatives aux paragraphes
- les commandes de cadrage et bordure

Pour illustrer certains des exemples des chapitres suivants, nous avons utilisé une page Web d'exemple, simplifiée à l'extrême :

```
<HTML>
<HEAD>
<TITLE>Essais de style</TITLE>
<LINK rel="stylesheet" type="text/css" href="essai.css">
</HEAD>

<BODY>
<H1>LES FEUILLES DE STYLE</H1>
<H2>Exemples visuels</H2>
<P>
Cette section du livre recense les principales commandes de
styles
que l'on peut appliquer aux pages Web.
<P>
Pour chacune des commandes, elle propose un exemple visuel.
</BODY>
</HTML>
```

Les commandes relatives aux feuilles de style sont placées dans un fichier texte séparé, appelé ici *essai.css*.

3 - 2 Couleurs et fonds de page

L'un des atouts majeurs des feuilles de style est la possibilité d'affecter une mise en forme indépendante pour la page elle-même (la balise <BODY>), les titres (<H1>, <H2>, <H3>, etc.), les paragraphes (<P>), les tableaux et en fait n'importe quel élément. Au niveau des couleurs de fond de page et de la police de caractères, une telle latitude autorise une grande variété de combinaisons.

Les deux commandes principales pour ce qui concerne les couleurs sont :

- **color** qui régit la couleur des caractères.
- **background-color** qui définit la couleur du fond. Il est possible d'utiliser uniquement **background.**

Trois systèmes régissent la définition des couleurs en HTML.

Couleurs essentielles

Le plus simple consiste à utiliser l'un des 8 mots-clés définissant une couleur par son nom en anglais :

BLACK - noir

BLUE - bleu

CYAN - cyan (bleu clair)

GREEN - vert

MAGENTA - magenta

PINK - rose

RED - rouge

WHITE - blanc

YELLOW - jaune

Ces mots-clés sont reconnus par tous les navigateurs et leur avantage essentiel est leur simplicité d'utilisation. Le revers réside dans l'absence totale de nuances si l'on s'en tient à de tels paramètres.

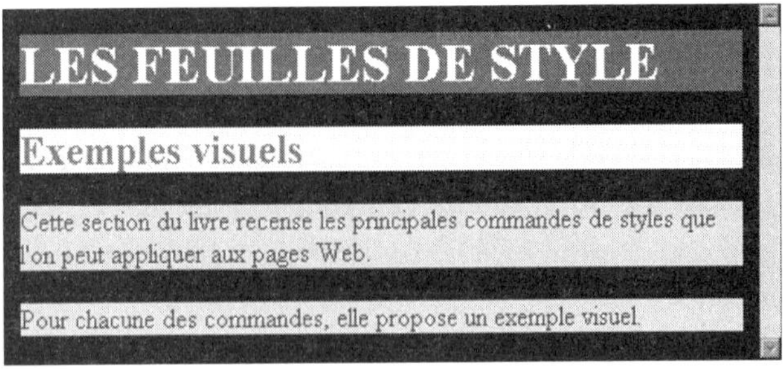

Utilisation des commandes de couleur les plus simples.

Voici un exemple d'utilisation de telles couleurs fondamentales.

```
body
        {background-color:BLACK}
H1
        {background-color:GREEN;
        color:WHITE}
H2
        {background-color:yellow;
        color:RED}
P
        {background-color:cyan;
        color:BLUE}
```

Il est clair que si l'on s'en tenait à de telles indications de base pour spécifier les couleurs, les pages Web seraient aussi laides que monotones. Seuls BLACK et WHITE peuvent s'avérer utiles pour désigner de façon rapide les couleurs noire et blanche.

Notation des couleurs en hexadécimal

Le système le plus complet consiste à indiquer le code de couleur hexadécimal de chaque couleur. Sur les PC comme sur les Macintosh, les couleurs du système RGB (red, green, blue ; soit rouge, vert et bleu) sont définies par une valeur allant de 00 à FF et indiquant la proportion de rouge, de vert et de bleu.

- FF0000 est la référence du rouge vif.
- 00FF00 donne le vert de référence.
- 0000FF indique le bleu.

A partir d'un tel système, chaque couleur peut être représentée par une certaine dose de rouge, vert et bleu, ce mélange étant indiqué par une valeur allant de 00 à FF.

- 000000 correspond au noir absolu - aucune couleur.
- FFFFFF correspond au blanc absolu (rouge + vert + bleu).
- FFFF00 donne le jaune (rouge + vert).
- 669999 donne un vert teinté de bleu.
- 999999 produit du gris.
- 99CCFF produit un bleu grisé.
- 6E5101 produit une variante de vert brun avec une nuance de jaune.

Il est possible, comme dans ce dernier exemple, d'utiliser n'importe quelle valeur située entre 00 et FF pour produire la nuance désirée. Le nuancier s'étend alors sur 65 536 teintes au total.

Toutefois, il peut être bon de s'appuyer sur une palette limitée à 256 couleurs et correspondant aux principales nuances - définies par Netscape en 1995. Cette palette correspond à ce qui est appelé les “Web Safe Colors” - couleurs sûres dans le cadre du Web. Dans ce contexte, les nuances sont indiquées par multiples de 33 : 00, 33, 66, 99, CC et FF. En général, l'éditeur de texte HTML utilisé vous propose par défaut les Web Safe Colors et en option la palette complète des 65 536 teintes.

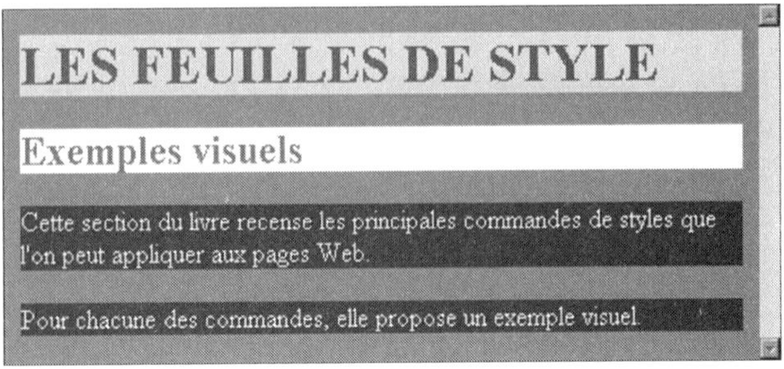

Utilisation des codes hexadécimaux pour spécifier les couleurs.

La feuille de style qui suit utilise les codes hexadécimaux - mais uniquement au sein de la Web Safe Palette - pour spécifier une série de couleurs plus nuancée :

```
body
            {background-color:#669999}
H1
            {background-color:#ccccff;
            color:#006600}
H2
            {background-color:#ffffcc;
            color:#996666}
```

```
P
        {background-color:#003366;
        color:#ccffff}
```

Couleurs nommées

Repérer les couleurs par leur notation hexadécimale donne une grande latitude au créateur d'un site Web. En revanche, ce système n'est pas forcément d'une manipulation aisée. Il existe donc une troisième possibilité, reconnue par les navigateurs récents. Elle consiste à désigner les couleurs des styles .css par un mot anglais décrivant la teinte en question.

Les couleurs sont alors désignées par des termes tels que beige, chocolate, crimson (pourpre), darkblue (bleu foncé), deepskyblue (bleu ciel profond), forestgreen (vert forêt), fuchsia, gold (doré), indianred (rouge indien)...

Ce système peut faciliter la maintenance d'une feuille de style, la désignation des couleurs étant plus explicite.

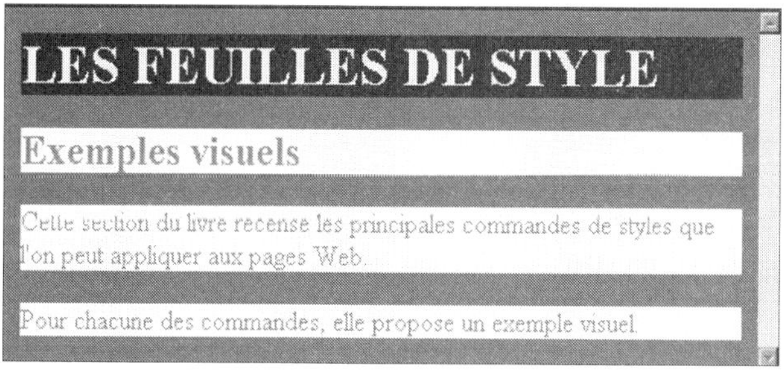

Utilisation de couleurs nommées.

Nous voyons ici un exemple de feuille de style reposant sur des couleurs nommées.

```
body
        {background-color:darkcyan}
H1
        {background-color:darkblue;
        color:aquamarine}
H2
        {background-color:antiquewhite;
        color:chocolate}
P
        {background-color:beige;
        color:olive}
```

Image de fond

Aux premiers temps du Web, il était courant d'associer une image en fond d'une page. Ce système n'a pas perduré, pour plusieurs raisons. En premier lieu, il pouvait contribuer à ralentir le téléchargement des pages. De plus, la répétition de motifs en arrière-plan du texte aboutissait souvent à des présentations peu agréables.

Lorsque l'on utilise une feuille de style, il est toujours possible d'attribuer un fond à l'intégralité d'une page. Dans ce cas de figure, l'image en question est indiquée dans la balise BODY. Mais cet effet est davantage utilisé pour distinguer une partie précise d'une page, par exemple certains titres.

La commande à utiliser pour spécifier un fond de page est **background-image**. La référence de l'image à utiliser est indiquée sous la forme suivante : **background-image:URL(*référence de l'image*)**.

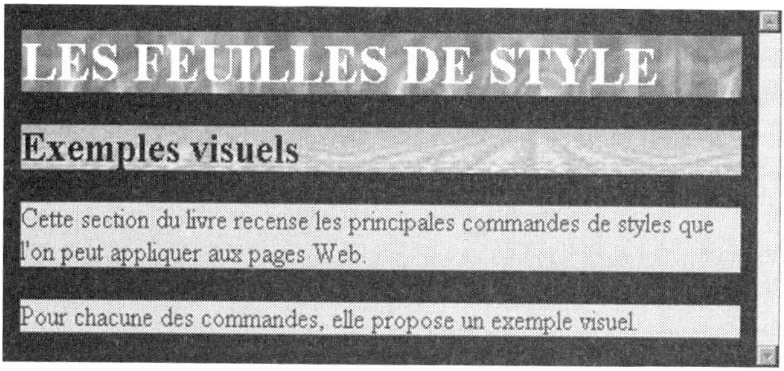

Utilisation de fonds de page associés à un type de paragraphe.

Dans l'exemple ci-dessus, deux images sont utilisées en fond de page, pour le titre de niveau 1 comme pour celui de niveau 2. Le code utilisé est indiqué ci-après :

```
body
        {background-color:#000066}
H1
        {background-image:URL(fondmm.jpg);
        color:white}
H2
        {background-image:URL(fondnet.jpg);
        color:black}
P
        {background-color:#ccccff;
        color:#333366}
```

Répétition limitée d'une image de fond de page

Par défaut, l'image utilisée est répétée sur toute la surface correspondant à la section indiquée, sur le plan horizontal comme vertical. Il est possible de limiter la répétition de l'image, de façon absolue, ou bien sur l'un des deux plans. La commande à utiliser pour ce faire s'appelle background-repeat.

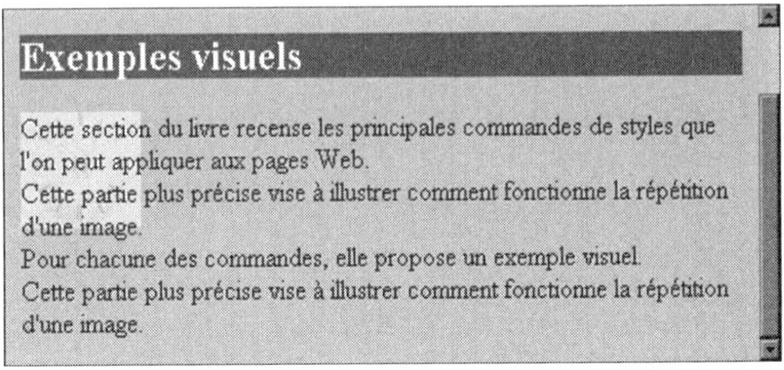

Utilisation du paramètre no-repeat pour empêcher qu'une image soit répétée.

La figure ci-dessus montre l'effet de la commande **background-repeat** conjointement au paramètre **no-repeat** qui supprime l'effet de répétition de l'image. Pour cet exemple comme pour certains autres que nous rencontrerons plus loin, le contenu de la page Web a été adapté afin de pouvoir clairement refléter l'effet de la commande de répétition. Le code correspondant à la feuille de style est le suivant :

```
body
        {background-color:#ccccff}
H1
        {background-color:#996666;
        color:white}
H2
        {background-color:#008b8b;
        color:white}
P
        {background-image:URL(fondbanq2.gif);
        background-repeat:no-repeat;
        color:#333366}
```

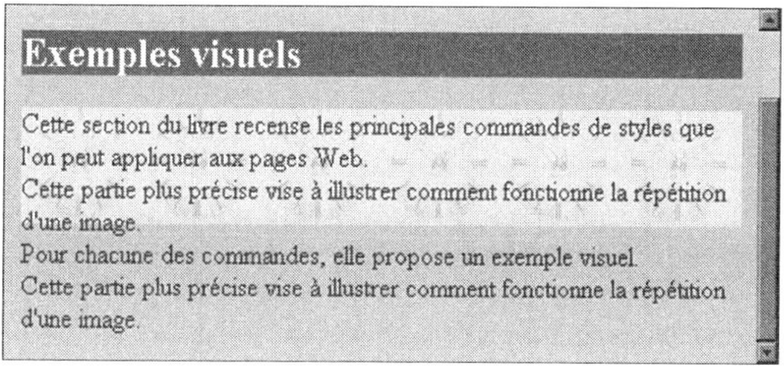

Utilisation du paramètre repeat-x :
la répétition est limitée au plan horizontal.

Il est possible de limiter la répétition de l'image au seul plan horizontal, en remplaçant le paramètre **no-repeat** par **repeat-x**.

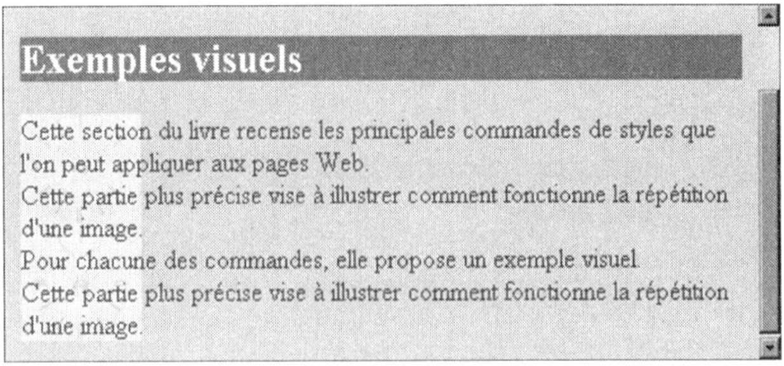

Utilisation du paramètre repeat-y : la répétition est limitée au plan vertical.

Si l'on indique, en revanche, le paramètre **repeat-y**, on obtient un effet de mise en page assez intéressant : la répétition n'est alors opérée que sur le plan vertical.

Positionnement du fond de page

Une autre commande de style, **background-position**, permet d'aller plus loin encore en la matière, puisqu'elle permet de positionner un fond de page à l'emplacement désiré au sein d'un élément donné. La première valeur désigne la position horizontale et la seconde la position verticale.

Cette commande particulière peut adopter quatre formes :

- positionnement absolu,
- positionnement relatif,
- positionnement relatif en pourcentage,
- positionnement selon un mot-clé.

Positionnement absolu

Le positionnement absolu revient à définir un point de départ horizontal et vertical par rapport au coin supérieur gauche de l'élément.

La taille peut être définie en cm (centimètres), mm (millimètres), in (pouces, soit 2,54 cm), pc (picas, soit 0,4233 cm) ou pt (points, soit 0,03528 cm).

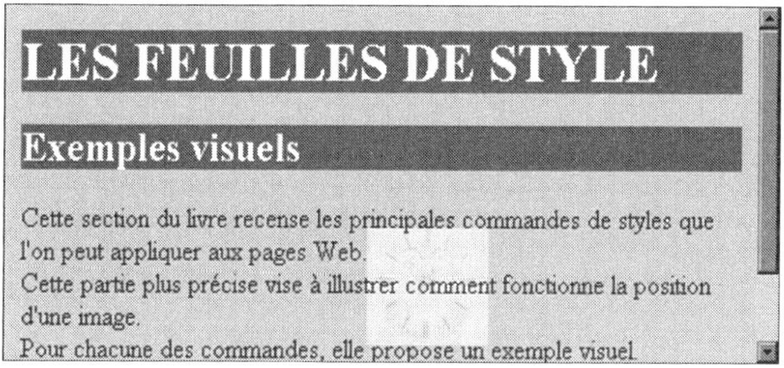

Positionnement absolu d'une image.

Voici un exemple de positionnement absolu de l'image, en utilisant des notations en centimètres et millimètres. Notez au passage que les décimales sont indiquées selon la notation anglo-saxonne, et donc avec des points plutôt que des virgules.

```
P
      {background-image:URL(fondbanq2.gif);
      background-repeat:no-repeat;
      background-position:5.6cm 4mm;
      color:#333366}
```

Les paramètres de positionnement horizontal et vertical sont séparés par un blanc. L'indication de position, en revanche, est collée à l'unité choisie.

Positionnement relatif

Positionnement relatif par rapport à la hauteur de police.

Le positionnement relatif permet de faire référence à un attribut de l'élément mis en page. Ainsi, **em** va faire référence à la hauteur de la police dans cet élément. **ex** correspond à la hauteur d'une police en minuscules.

```
P
        {background-image:URL(fondbanq2.gif);
        background-repeat:no-repeat;
        background-position:23em 1em;
        color:#333366}
```

Une autre possibilité consiste à utiliser l'unité px qui est un cas particulier. Dans ce contexte, la taille est indiquée en pixels et la taille de ce point affiché à l'écran va varier selon le type de moniteur utilisé.

Positionnement relatif en pourcentage

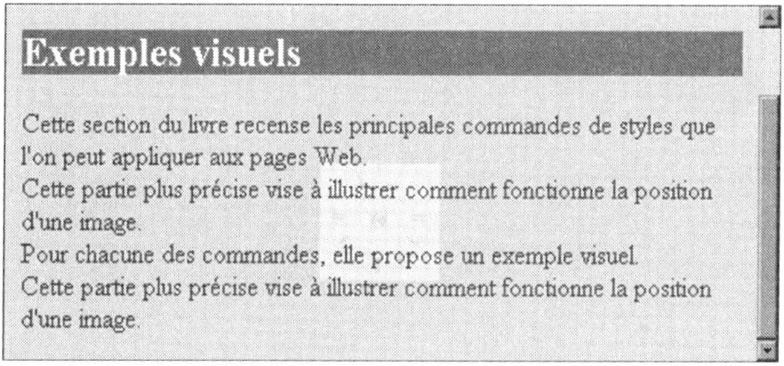

Quel que soit le moniteur utilisé par l'internaute, le fond de page apparaîtra toujours au centre, à la verticale comme à l'horizontale.

Le positionnement relatif en pourcentage consiste à indiquer une valeur en % qui déterminera la position du fond de page. 0% correspond à l'extrême gauche, 100% à l'extrême droite tandis que 50% positionne l'image au centre. Ce type de notation est intéressant car il permet de créer un effet qui sera valable quelle que soit la configuration d'écran utilisée par l'internaute qui visite le site.

Ainsi, dans cet exemple, l'image se retrouve toujours au centre du paragraphe.

```
P
        {background-image:URL(fondbanq2.gif);
        background-repeat:no-repeat;
        background-position:50% 50%;
        color:#333366}
```

Positionnement selon un mot-clé

Il est possible d'indiquer le positionnement souhaité grâce à cinq mots-clés précis : **left** (à gauche), **right** (à droite), **top** (en haut), **bottom** (en bas) ou **center** (au centre). Ceux-ci correspondent aux positions suivantes dans l'élément mis en page :

	top	
left	center	right
	bottom	

La combinaison de mots-clés permet de faire référence aux quatre coins de l'élément :

left top		right top
left bottom		right bottom

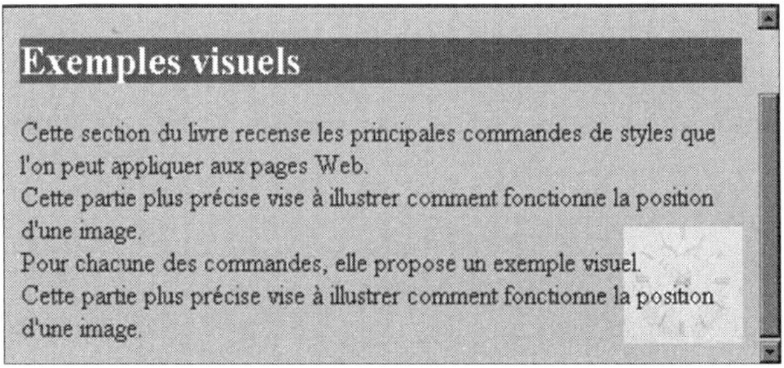

Positionnement de l'image dans le coin inférieur droit.

Nous pouvons par exemple ancrer l'image dans le coin inférieur droit :

```
P
        {background-image:URL(fondbanq2.gif);
        background-repeat:no-repeat;
        background-position:right bottom;
        color:#333366}
```

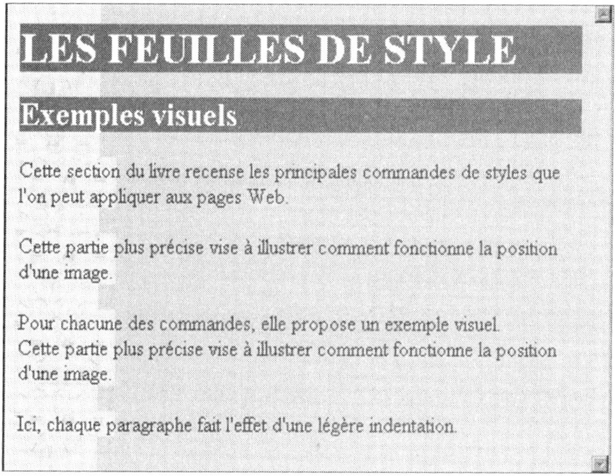

Utilisation du positionnement dans la balise BODY comme dans la balise P.

En combinant un positionnement d'image sur la page entière et sur certains éléments tels que les paragraphes, il est possible d'obtenir des effets originaux.

```
body
        {background-image:URL(fondbanq2.gif);
        background-repeat:repeat-y;
        background-position:left;
        background-color:#ccccff
        }

H1
        {background-color:#996666;
        color:white}
H2
        {background-color:#008b8b;
        color:white}
P
        {background-image:URL(fondbanq2.gif);
        background-repeat:repeat-y;
        background-position:3px;
        color:#333366}
```

Dans cet exemple, l'image de fond de page est répétée uniquement sur la bande verticale de gauche. Chaque fois que démarre un paragraphe, la même image est légèrement répétée sur la droite, créant un effet dentelé.

3 - 3 Polices de caractères

Si l'on désire qu'un site Web produise une impression d'unité, il importe qu'il ait une identité graphique. Celle-ci pourra être perçue par l'intermédiaire d'un logo ou d'une palette de couleurs. Mais le choix des polices de caractères est tout aussi important.

Selon la fonte choisie et la taille, un site aura l'air original, classique, branché, ou vétuste et peu avenant. La qualité des messages que l'on désire transmettre sera influencée par ce simple facteur. Un site d'informations financières qui adopterait une police trop fantaisiste perdrait un peu de sa crédibilité, et pourrait rebuter le public visé, lors du premier abord. Inversement, un site consacré aux arts graphiques ou à la musique techno ne pourrait pas s'accommoder d'une police de caractères trop traditionnelle.

La taille de la police a aussi une influence non négligeable. Par défaut, les navigateurs Web tels que Internet Explorer sont réglés sur un affichage de taille moyenne (ajustable avec le menu Affichage / Taille de texte). Il faut faire en sorte que le texte soit aisément lisible avec un tel affichage sur les configurations d'ordinateur les plus répandues actuellement (songer qu'un grand nombre d'utilisateurs ont des moniteurs 800 x 600). Un site utilisant une police de caractères trop petite pourrait décourager certains visiteurs.

Le choix d'une ou de plusieurs polices de caractères est donc essentiel pour le responsable d'un site. Les feuilles de style ont l'avantage de favoriser l'unité d'un site en dictant un type de police particulier selon le type de texte (normal, titre 1, etc.).

Comme nous allons le voir plus bas dans la section Taille de la fonte, les feuilles de style permettent de spécifier la taille de diverses manières et notamment de la faire dépendre des paramètres de taille utilisés par le navigateur.

Couleur de la fonte

La couleur de la police affectée à un élément de la page Web est spécifiée avec la commande color. Celle-ci est examinée en détail dans le chapitre 3 - 2 “Couleurs et fonds de pages”.

Famille de fonte

La commande **font-family** permet de choisir une famille de police. Elle fonctionne de la même façon que la balise <FONT> de l’HTML :

<FONT FACE=Book Antiqua, Arial, Helvetica, >

Si la première police spécifiée - ici, le Book Antiqua - est disponible sur l’ordinateur, elle est utilisée pour l’affichage. Si elle n’est pas présente, la deuxième police est prise en compte, l’Arial. Si aucune des deux polices n’est gérée par l’ordinateur de l’internaute, c’est l’Helvetica qui est retenu. Enfin, si aucune de ces trois polices n’est présente, c’est la police utilisée par défaut par le navigateur qui est utilisée - généralement le Times Roman.

Au sein d’une feuille de style, une définition similaire serait faite ainsi :

```
P
        {font-family : Book Antiqua, Arial, Helvetica}
```

Il existe un paramètre supplémentaire et propre aux feuilles de style qui favorise le choix d’une police appropriée au cas où aucune de celles spécifiées ne serait disponible.

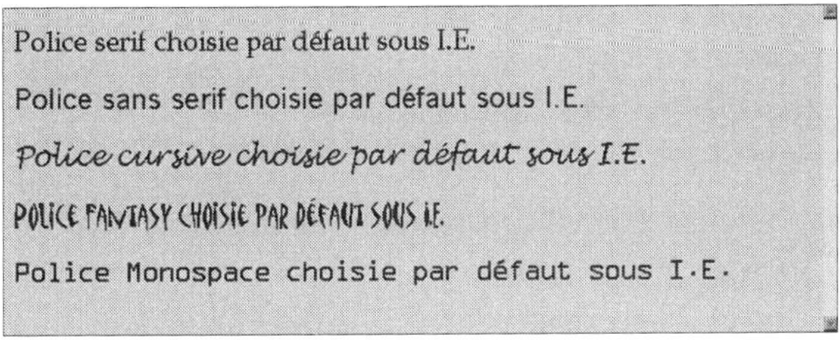

Les polices par défaut affichées par Internet Explorer pour les mots-clés serif, sans-serif, cursive, fantasy et monospace sur un PC donné.

La norme CSS gère cinq mots-clés supplémentaires permettant d'indiquer le type de police souhaité :

- **serif** - police avec empattement telle que le Times Roman
- **sans-serif** - police sans empattement telle que l'Arial
- **cursive** - police de type manuscrite telle que Lucida Sans Handwriting
- **fantasy** - police de type fantaisie telle que le Matisse ITC
- **monospace** - police à espacement fixe telle que le Courrier

En ajoutant un tel mot-clé à la fin de la liste des polices, il est possible de s'assurer que l'ordinateur d'accueil sélectionnera une fonte de la forme appropriée. Ainsi, dans l'exemple ci-dessus, nous écririons :

```
P
    {font-family : Book Antiqua, Arial, Helvetica, sans-serif}
```

Taille de la fonte

La commande font-size permet de spécifier la taille désirée pour la police.

Trois méthodes sont possibles :

- indiquer une taille absolue,
- indiquer une taille relative aux paramètres du navigateur,
- indiquer une taille relative aux paramètres du navigateur en pourcentages.

Taille de fonte absolue

Lorsque l'on indique une taille absolue, celle-ci est exprimée par un nombre et une unité.

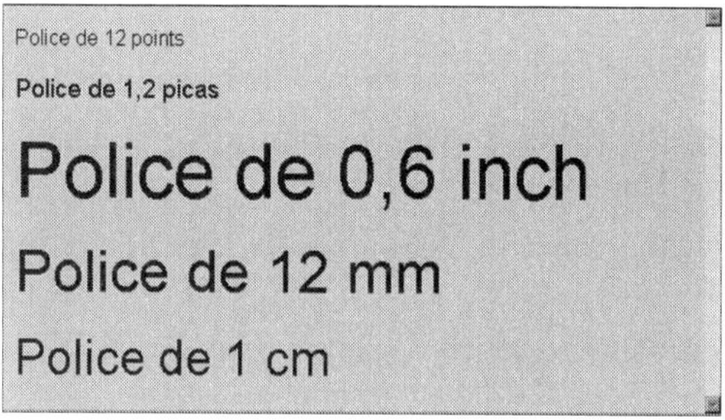

Indication de la police selon une unité particulière.

La taille de la police peut être définie en **pt** (points, soit 0,03528 cm), **pc** (picas, soit 0,4233 cm) mais aussi en **cm** (centimètres), **mm** (millimètres), **in** (pouces, soit 2,54 cm). L'unité la plus appropriée dans ce contexte est le point. Pour tester rapidement diverses tailles d'affichage, directement depuis l'HTML, vous pouvez utiliser le mot-clé STYLE à l'intérieur d'une balise.

```
<P STYLE="font-size:12pt">
Police de 12 points
<P STYLE="font-size:1.2pc">
Police de 1,2 picas
<P STYLE="font-size:0.6 in">
Police de 0,12 inch
<P STYLE="font-size:12mm">
Police de 12 mm
<P STYLE="font-size:1cm">
Police de 1 cm
```

Taille de fonte relative aux paramètres du navigateur

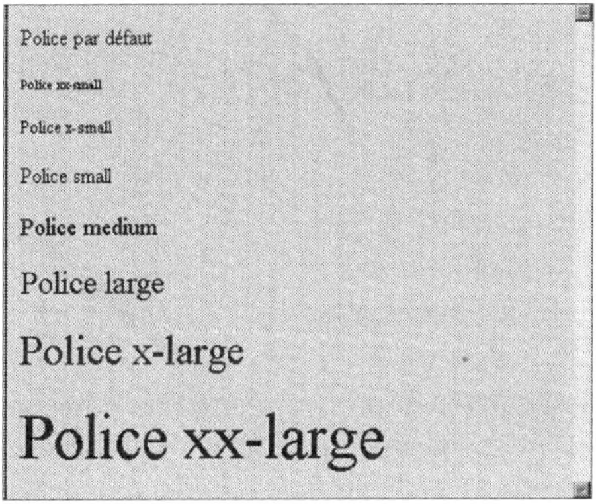

Indication des tailles de fontes à l'aide de paramètres de taille relative. La taille small *correspond à la taille de police par défaut.*

L'indication d'une taille relative est l'une des méthodes qui permet de s'assurer que le texte sera aisément lisible quel que soit le navigateur Web utilisé.

Si aucun paramètre de taille n'est spécifié, le navigateur Web affiche une police avec une taille par défaut qui est égale à 12. Par défaut, la police choisie, est du Times Roman 12. Si l'on a défini une autre police, comme par exemple de l'Arial, la police par défaut devient de l'Arial 12, etc.

Une série de mots-clés proposés par la norme .CSS permettent de définir des tailles inférieures, égales ou supérieures à cette taille par défaut.

Ces mots-clés sont les suivants : **xx-small**, **x-small**, **small**, **medium**, **large**, **x-large**, **xx-large**. Le paramètre **small** correspond à la taille par défaut.

Si nous voulions par exemple définir une toute petite taille de police pour les cases d'un tableau et une taille extra-large pour les balises H1, nous indiquerions :

```
TD
        {font-size:xx-small}
H1
        {font-size:x-large}
```

Taille relative en pourcentage

Il est possible d'utiliser le système des tailles par défaut du navigateur pour définir un pourcentage d'affichage par rapport à ce que le logiciel utiliserait par défaut.

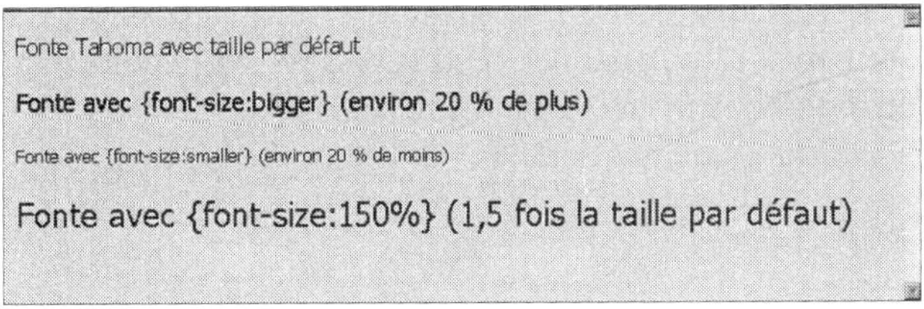

Indication d'un pourcentage des paramètres de taille par défaut.

Si l'on désirait que la taille de police pour les paragraphes soit 1,5 fois supérieure à ce qu'elle serait par défaut sur le navigateur utilisé, il faudrait indiquer :

```
P
        {font-size:150%}
```

Il existe deux paramètres de pourcentage que l'on peut spécifier ici, smaller et larger. Ils sont généralement équivalents à -20% ou +20%, mais il semble que ce pourcentage puisse varier selon la version du navigateur utilisé et il vaut donc mieux la tester ou s'appuyer sur un pourcentage exprimé en chiffre.

Gras, italique et souligné

La norme .CSS utilise deux commandes différentes pour spécifier l'italique et la "graisse" (épaisseur d'une fonte) : **font-style** et **font-weight**. Dans ce deuxième cas de figure, les feuilles de style proposent un nombre d'options beaucoup plus étendu que la balise <B> de l'HTML.

Pour chacune de ces commandes, il est possible d'utiliser l'attribut normal qui produit un affichage de la police en mode normal. Mais son usage est inutile, puisqu'il s'agit du mode par défaut.

Italique

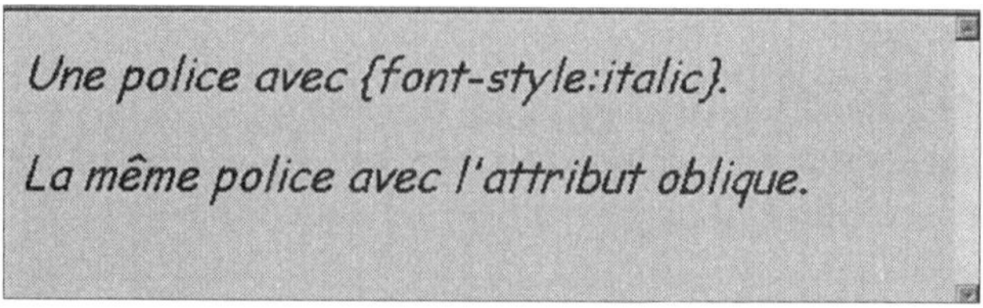

*Utilisation de la commande **font-style**. Les attributs **italic** et **oblique** ont généralement le même effet.*

Dans le cas de font-style, deux attributs sont possibles : **italic** et **oblique**. Quelle est la différence ? Elle est minime. Si l'on utilise **oblique**, le navigateur produit la forme italique en inclinant les lettres de la police normale. Si l'on utilise **italic**, il cherche en premier lieu à utiliser la police italique si celle-ci est disponible sur l'ordinateur d'accueil. Faute de la trouver, le navigateur génère la police en mode oblique. Comme nous le voyons, l'utilisation de {font-style:italic} est plus générale et couvrira tous les besoins en la matière.

Gras

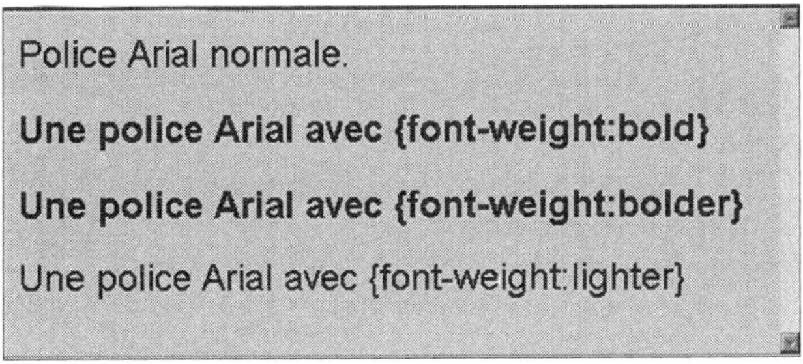

Les attributs principaux de la commande ***font-weight****.*

La commande **font-weight** offre une grande latitude concernant l'épaisseur de la police. En premier lieu, elle peut l'afficher sous trois formes :

- **bold** - caractère gras
- **bolder** - gras renforcé
- **lighter** - épaisseur plus fine que la police en mode normal

Selon la police utilisée, de tels effets seront plus ou moins perceptibles.

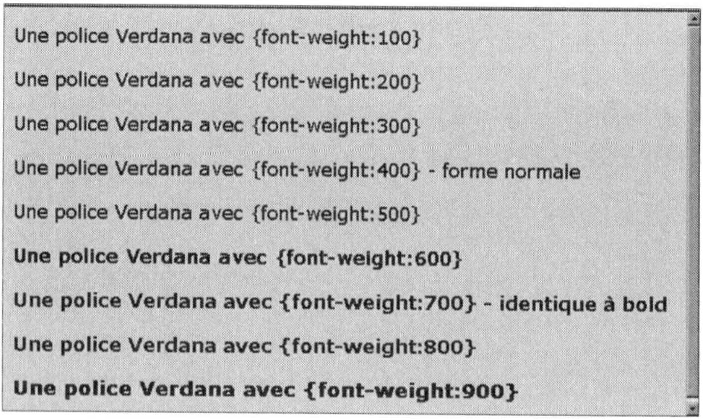

Utilisation d'une valeur de 100 à 900 pour indiquer la graisse de la police. Selon la police utilisée, le navigateur n'est pas toujours en mesure de refléter une telle gradation.

La norme .CSS supporte une autre forme d'indication de la graisse d'une police. Elle nécessite d'indiquer un nombre allant de 100 à 900. Dans une telle échelle, 400 équivaut à la police sous sa forme normale, 700 est identique au mot-clé **bold**. 100 et 900 représentent respectivement la graisse la plus faible et la plus forte disponible pour la police choisie. Dans la pratique, il s'avère généralement qu'un certain nombre de valeurs - en particulier celles inférieures à 400 - n'ont pas d'effet particulier à l'affichage.

Soulignement et variantes

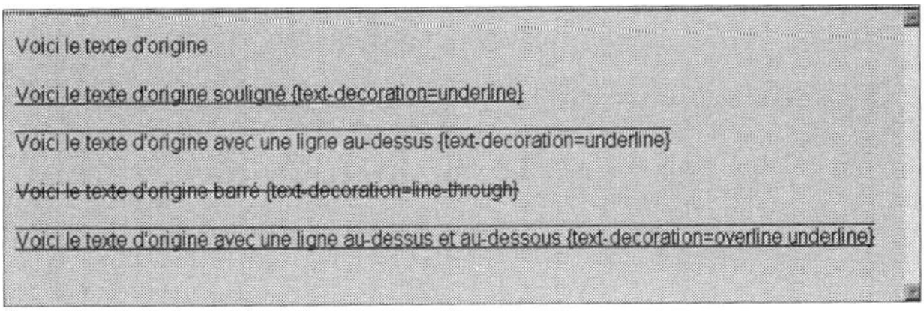

Ligne au-dessus, au-dessous et à travers le texte.

Par défaut, les liens d'une page Web apparaissent soulignés. Avec la norme .CSS et la commande **text-decoration**, il est possible d'indiquer l'affichage d'une ligne au-dessus, au-dessous et au milieu du texte. Les paramètres sont les suivants :

- **underline** : souligné
- **overline** : ligne au-dessus du texte
- **line-through** : texte barré

Ces effets peuvent être cumulés comme dans l'exemple ci-dessus.

Majuscules et minuscules

Petites capitales

Pour que le texte soit affiché en petites capitales, utiliser la commande **font-variant** et l'attribut **small-caps**.

Affichage de petites capitales.

Majuscules et minuscules

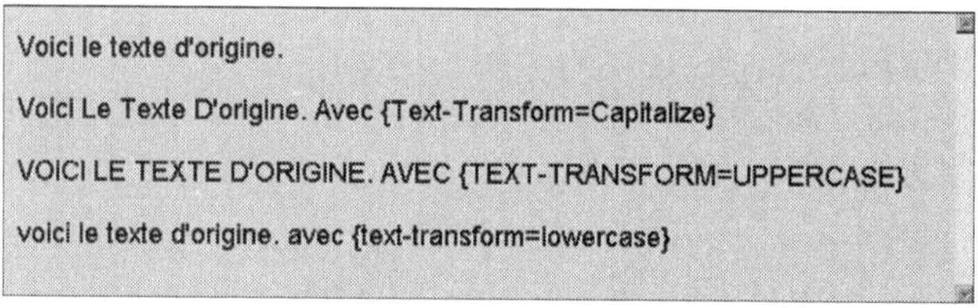

Affichage sélectif des majuscules et minuscules.

La commande **text-transform** transforme le texte des paragraphes correspondants avec la combinaison désirée de majuscules et minuscules. Celle-ci peut recevoir les paramètres suivants :

- **capitalize** - toutes les premières lettres des mots sont mises en majuscules,
- **uppercase** - toutes les lettres du texte sont affichées en majuscules,
- **lowercase** - toutes les lettres sont affichées en minuscules,
- **none** - le texte n'est aucunement transformé.

Indice ou exposant

Pour qu'il soit possible d'afficher un caractère en exposant ou indice, il faut définir une taille de fonte plus petite que la taille habituelle du caractère, et utiliser une commande appelée vertical-align, qui comme son nom l'indique définit l'alignement vertical d'un caractère.

Si l'on veut éviter d'aller à la ligne, il faut utiliser une autre balise que pour définir le texte avec une police de taille inférieure. Une solution consiste à définir la police de base avec P et une police de taille plus petite avec FONT.

Affichage de deux tailles de police différentes sur la même ligne.

Dans la feuille de style, nous avons par exemple :

```
P
        {font-size:14pt}
FONT
        {font-size:10pt}
```

Puis, au sein de la page HTML :

```
<P>
Cette section du livre recense les principales commandes de
styles que l'on peut appliquer aux pages Web.
<FONT>
Pour chacune des commandes, elle propose un exemple visuel.
```

Le texte qui suit <FONT> est ainsi placé à la suite de celui qui précède.

Dans cet exemple, nous n'avons pas spécifié la commande vertical-align car par défaut, elle prend la valeur baseline, ce qui signifie que le texte est aligné sur la base de la ligne. Nous aurions ainsi pu écrire les commandes de la feuille de style qui précède de la manière suivante :

```
P
        {font-size:14pt}
FONT
        {font-size:10pt;
        vertical-align:baseline}
```

Affichage d'un texte en exposant.

Les deux autres paramètres de la commande **vertical-align**, **super** et **sub** permettent d'obtenir un affichage en exposant ou indice :

```
P
        {font-size:14pt}
FONT
        {font-size:10pt;
        vertical-align:super}
```

Affichage d'un texte en indice.

Lorsque le texte est en mode indice, il vient se placer plus bas que la ligne de base.

```
P
        {font-size:14pt}
FONT
        {font-size:10pt;
        vertical-align:sub}
```

3 - 4 Cadrages et bordures

C'est au niveau des cadres et bordures que les feuilles de style affirment clairement leur supériorité sur le HTML. La norme .css autorise des effets sophistiqués à partir de commandes aisées.

Bordures

Style de bordure

8 effets de décoration sont disponibles au niveau des styles des bordures. Ils dépendent de la commande border-style.

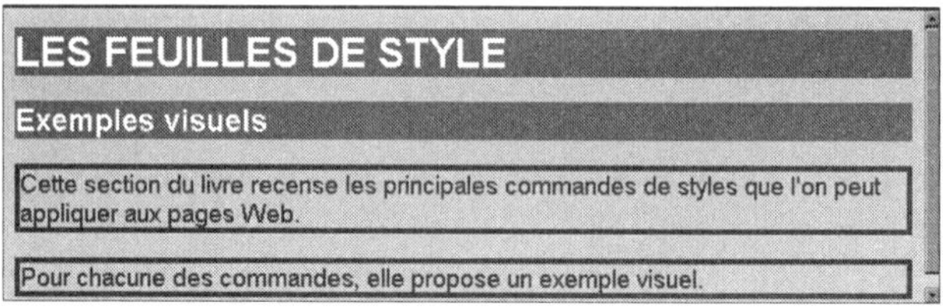

Bordure solide.

{border-style:solid} permet de définir une bordure formée d'une ligne pleine.

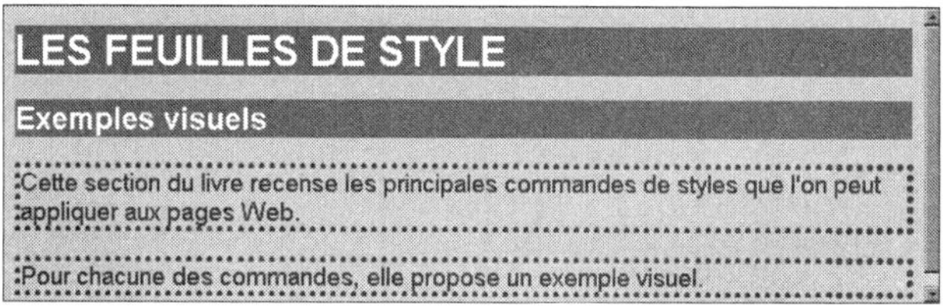

Bordure en pointillé.

{border-style:dotted} crée une bordure en pointillé.

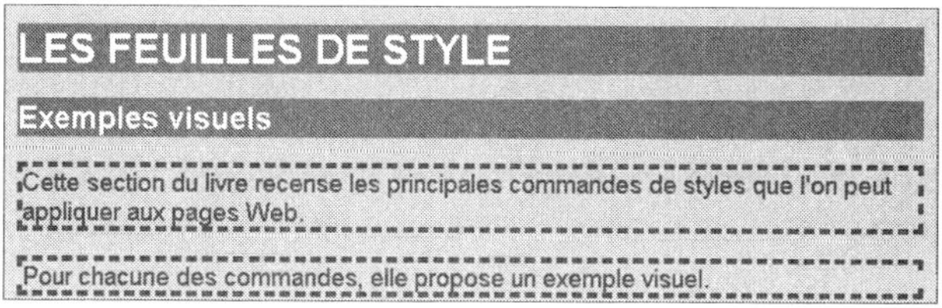

Bordure composée de tirets.

{border-style:dashed} compose la bordure à partir de tirets.

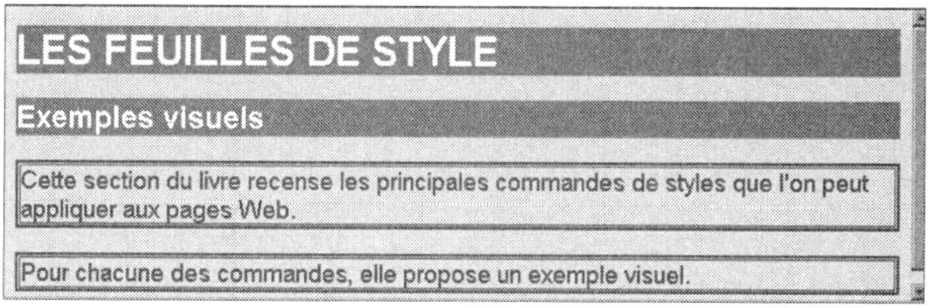

Bordure sous forme de ligne double.

L'un des plus beaux effets disponibles, la bordure en ligne double est obtenue avec **{border-style:double}**.

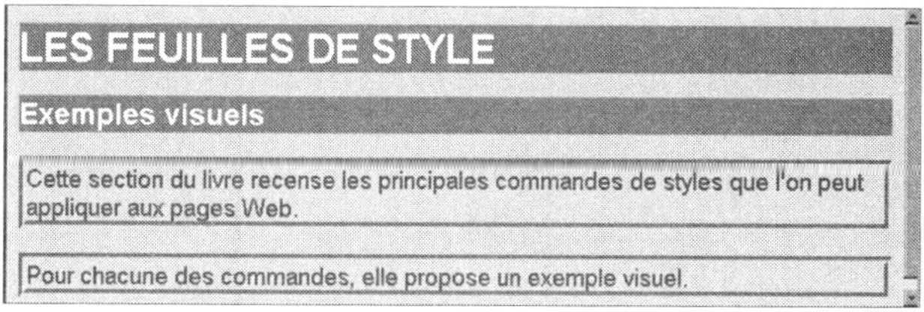

Une bordure "groove".

Le paramètre “groove” permet d’obtenir un aspect assez esthétique. Groove signifie “sillon” et dans le cas de la commande **{border-style:groove}**, la ligne est affichée avec un effet d’ombrage. Dans l’exemple affiché ci-dessus, le style de bordure a été combiné avec une épaisseur de bordure large (la commande **{border-width:thick}** décrite plus bas).

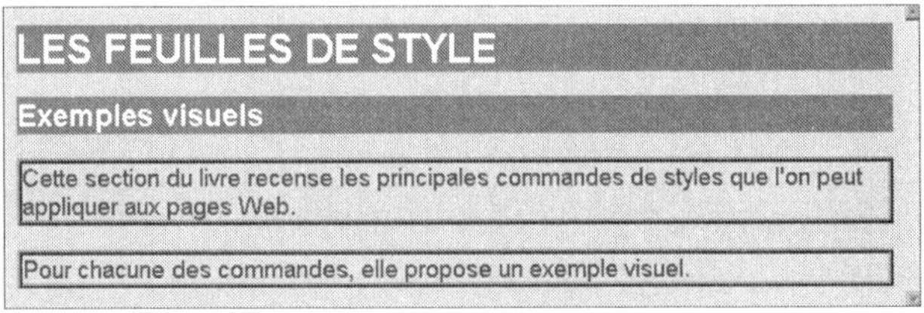

Une bordure "ridge".

Dans le cas de la bordure “ridge” (d’un terme anglais signifiant “crête”), la bordure donne l’impression d’être légèrement en relief.

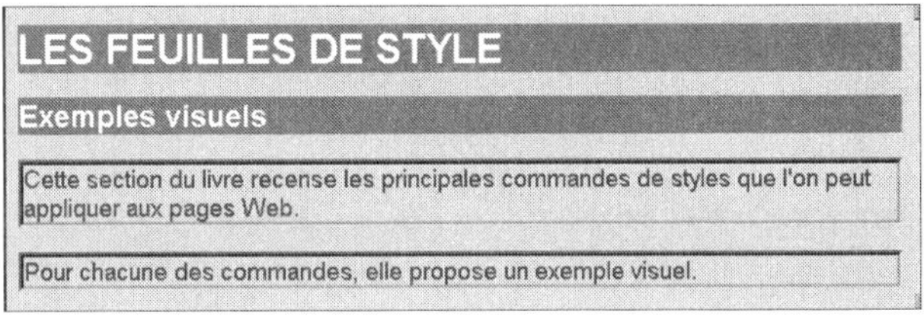

Une bordure "inset".

{border-style:inset} donne l’impression que le texte est placé sur une surface plus basse que l’encadrement.

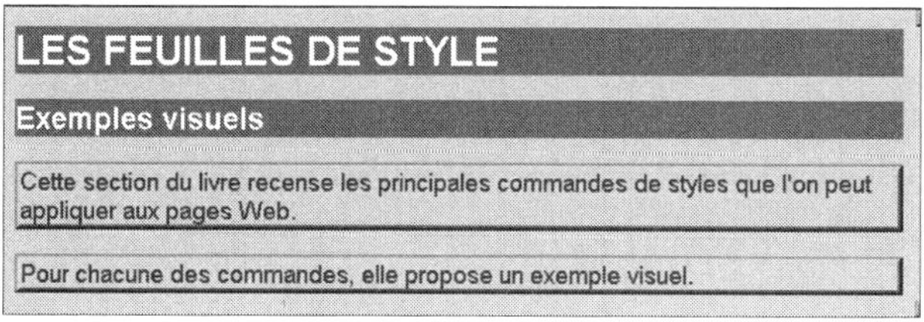

Une bordure "outset".

{border-style:outset} a l'effet inverse. La surface sur laquelle apparaît le texte semble plus haute que la base de l'encadrement.

Taille de la bordure

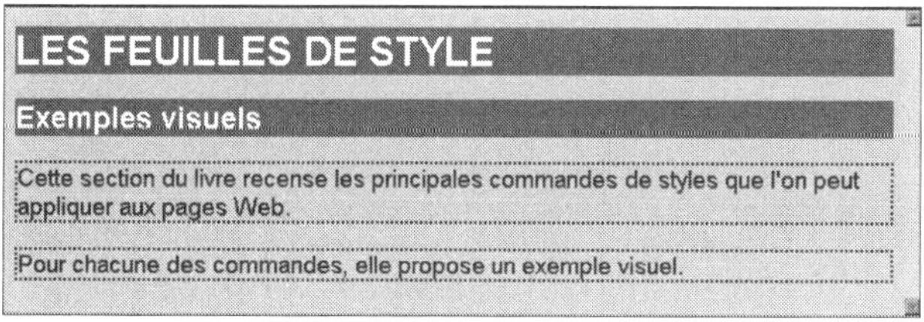

Bordure pointillée avec une épaisseur fine (thin).

La commande **border-width** permet de choisir une taille de bordure. Elle peut recevoir trois paramètres : **thin**, **medium** et **thick** (fin, moyen et épais).

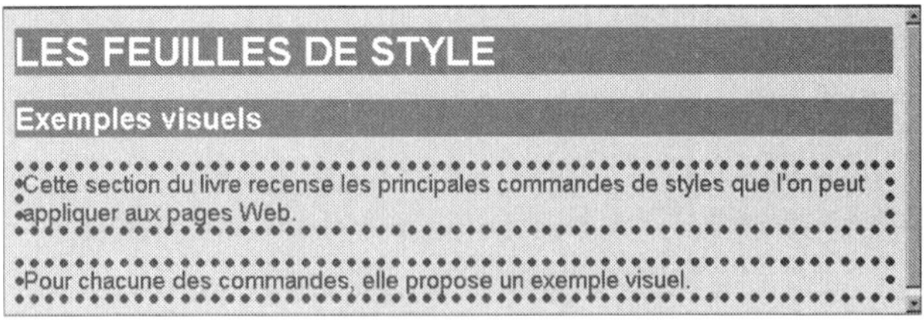

Bordure pointillée avec une large épaisseur (thick).

Il est également possible de définir la taille de la bordure en définissant une taille spécifique. La taille peut être définie en **pt** (points, soit 0,03528 cm), **pc** (picas, soit 0,4233 cm) mais aussi en **cm** (centimètres), **mm** (millimètres), **in** (pouces, soit 2,54 cm). Trois autres unités peuvent être mises à contribution : **px** (taille du pixel de l'écran utilisé), **em** (hauteur de la police courante), **ex** (hauteur d'une minuscule dans la police courante).

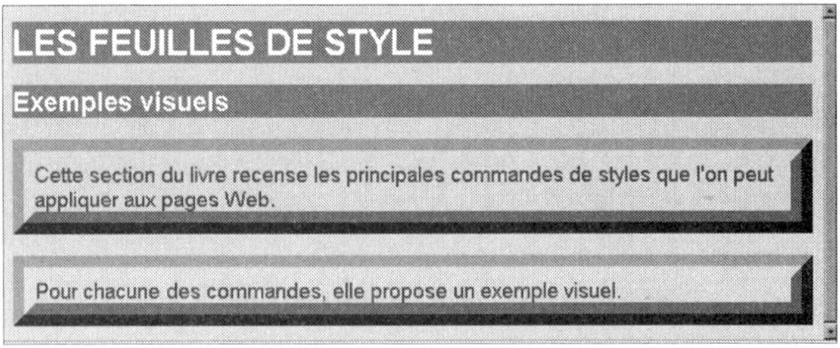

Définition d'une bordure de 20 pixels.

La bordure de l'image ci-dessus a été définie avec la séquence suivante :

```
P
    {border-style:outset;
    border-width:20px;
    font-size:14pt;
    color:#333366}
```

Couleur de la bordure

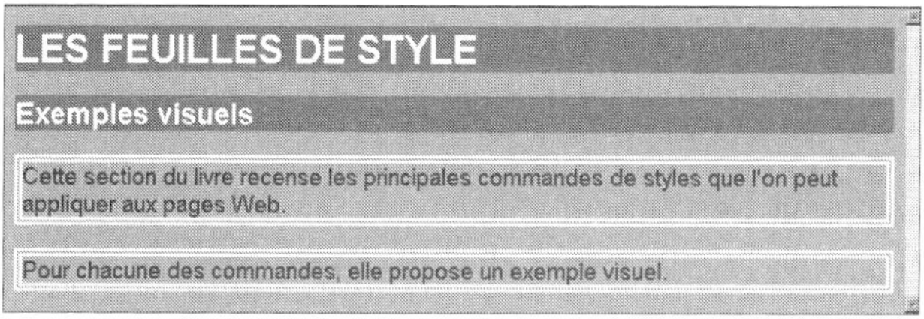

Définition d'une couleur différente pour la bordure.

Enfin, il est possible d'appliquer la couleur de son choix à la bordure, et donc de la différencier du texte inclus à l'intérieur du paragraphe. La commande à utiliser est **border-color** suivi du nom ou du numéro de la couleur désirée. L'exemple affiché ci-dessus a été obtenu avec la succession de commandes .css qui suit :

```
P
    {border-style:double;
    border-width:thick;
    border-color:white;
    font-size:14pt;
    color:#333366}
```

Encadrement et marges

Un bloc de texte, qu'il comporte une bordure ou non, peut faire l'objet d'un encadrement externe (ou marge) ou interne. Dans ce deuxième cas, il est perceptible dès lors qu'une bordure a été définie.

Marges

Quatre types de marges peuvent être définis : haut, bas, gauche, droite. Ils correspondent aux commandes :

- **margin-top**,
- **margin-bottom**,
- **margin-left**,
- **margin-right**.

La taille de tels éléments peut être définie en **pt** (points, soit 0,03528 cm), **pc** (picas, soit 0,4233 cm), **cm** (centimètres), **mm** (millimètres), **in** (pouces, soit 2,54 cm), **px** (taille du pixel), **em** (hauteur de la police), **ex** (hauteur d'une police minuscule).

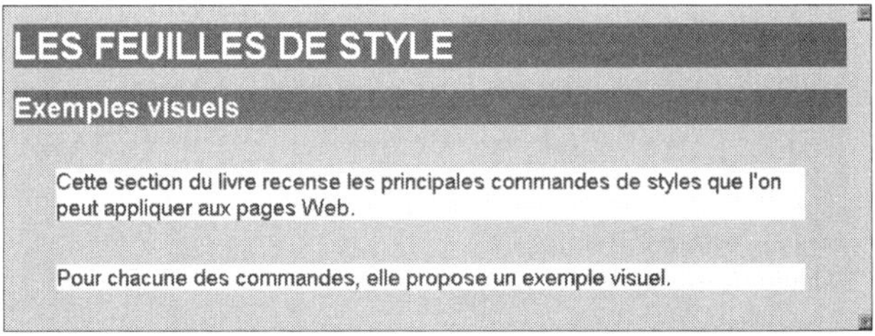

Définition d'une marge égale à deux fois la hauteur d'une police tout autour des paragraphes.

L'exemple ci-dessus a été obtenu avec les commandes .css suivantes :

```
P
        {font-size:14pt;
        margin-top:2em;
        margin-right:2em;
        margin-left:2em;
        margin-bottom:2em;
        color:#333366;
        background-color:#ffff99}
```

Nous avons inclus une commande de fond de page pour le paragraphe afin de bien faire ressortir l'espace occupé par les marges.

Encadrement

L'encadrement définit un espace, mais à l'intérieur de la zone du paragraphe. Les mêmes unités de taille s'appliquent ici.

La commande a la même forme que celle de la marge mais porte le préfixe "padding" (littéralement : remplissage) :

- **padding-top** (haut)
- **padding-bottom** (bas)
- **padding-left** (gauche)
- **padding-right** (droite)

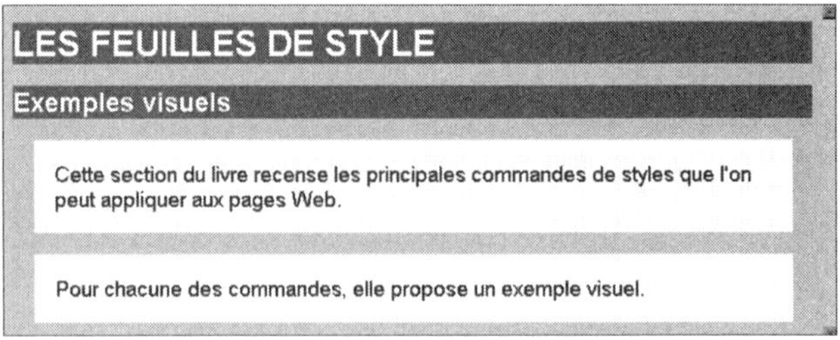

Définition d'un encadrement en plus de la marge.

L'exemple affiché ici a été obtenu avec la combinaison d'une marge et d'un encadrement de la taille de la hauteur d'un caractère courant :

```
P
        {font-size:14pt;
        margin-top:1em;
        margin-right:1em;
        margin-left:1em;
        margin-bottom:1em;
        padding-top:1em;
        padding-right:1em;
        padding-left:1em;
        padding-bottom:1em;
        color:#333366;
        background-color:#ffff99}
```

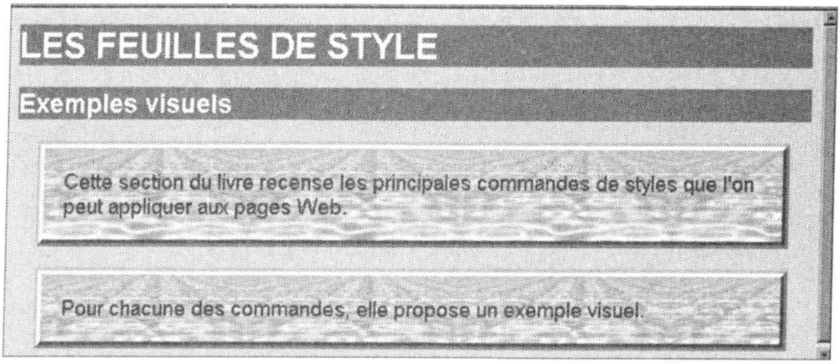

Combinaison d'une marge, d'un encadrement avec une image en fond de paragraphe et une bordure.

Si l'on ajoute une bordure à une telle présentation et si de surcroît, on choisit une image discrète en fond de page, il est aisément possible d'obtenir des présentations originales et élégantes. Celle qui apparaît dans l'exemple ci-dessus a été obtenue avec le code .css qui suit :

```
P
        {font-size:14pt;
        margin-top:1em;
        margin-right:1em;
        margin-left:1em;
        margin-bottom:1em;
        padding-top:1em;
        padding-right:1cm;
        padding-left:1em;
        padding-bottom:1em;
        color:#333366;
        background-image:URL(fondnet.jpg);
        border-style:outset;
```

```
border-width:thick;
border-color:white}
```

3 - 5 Forme des paragraphes

Il est possible, grâce aux feuilles de style, de définir de façon très précise la forme des blocs de texte. Le chapitre 3 - 4 fait la part belle aux cadres et bordures. Mais la norme .css comporte d'autres commandes permettant d'intervenir de manière plus étendue sur la forme des paragraphes, au niveau des points suivants :

- alignement du texte,
- espacement des caractères,
- indentation,
- hauteur de la ligne,
- taille du bloc de texte,
- placement de paragraphes côte à côte.

Alignement du texte

La commande **text-align** a un effet similaire à la variable ALIGN des commandes HTML, mais de plus, elle gère le mode justifié (aligné sur la droite et la gauche).

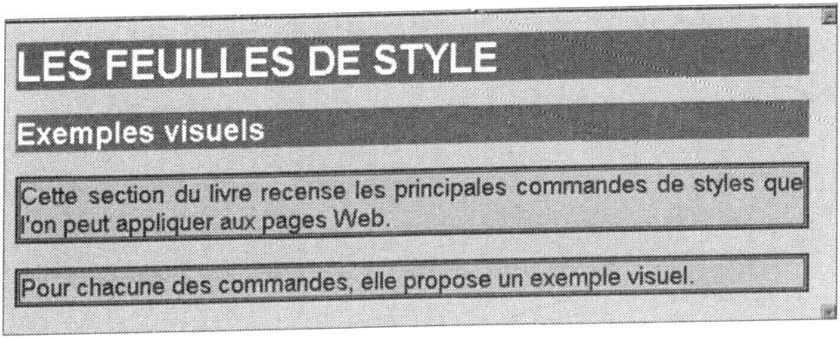

Alignement justifié.

Dans l'exemple ci-dessus, le code .css utilisé est le suivant :

```
P
        {font-size:14pt;
        text-align:justify;
        color:#333366;
        background-color:#cccc99;
        border-style:double}
```

Les autres paramètres que peut accepter text-align sont left (alignement à gauche - la valeur par défaut), right (à droite) et center (centré).

La commande vertical-align fonctionne de façon similaire, mais influe sur le positionnement du texte à l'intérieur d'un bloc. Elle peut accepter plusieurs valeurs, notamment top (en haut), middle (au centre) et bottom (en bas).

Espacement des caractères

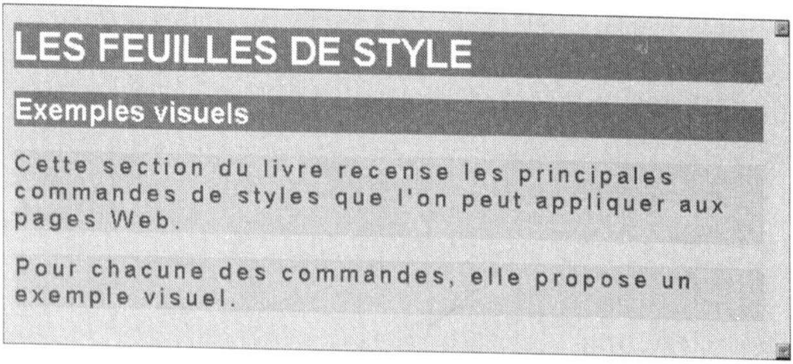

Augmentation de l'espace entre les caractères, d'un quart de la hauteur d'une police.

La commande **letter-spacing** permet d'intervenir sur l'espacement entre les caractères d'un texte. La valeur indiquée augmente ou diminue l'espacement par défaut. Elle peut être exprimée en **pt** (points, soit 0,03528 cm), **pc** (picas, soit 0,4233 cm), **cm** (centimètres), **mm** (millimètres), **in** (pouces, soit 2,54 cm), **px** (taille du pixel), **em** (hauteur de la police), **ex** (hauteur d'une police minuscule).

Dans l'exemple ci-dessus, l'interlignage a été augmenté de un quart de la hauteur d'un caractère, à l'aide de **letter-spacing** :

```
P
        {font-size:14pt;
        letter-spacing:.25em;
        color:#333366;
        background-color:#cccc99;}
```

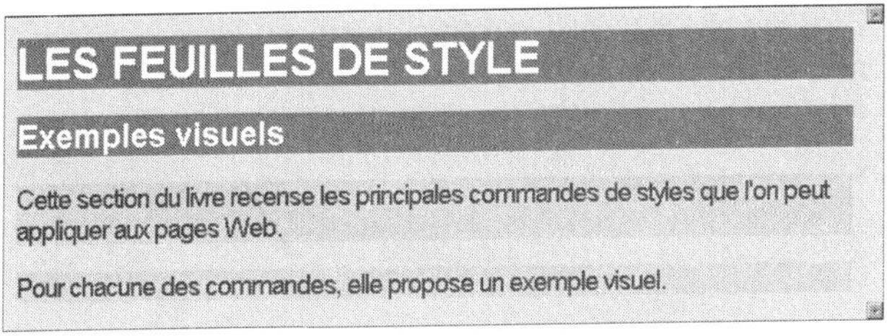

Resserrement de l'espace entre les caractères.

Inversement, nous pouvons utiliser une valeur négative pour resserrer l'espacement entre les caractères :

```
P
        {font-size:14pt;
        letter-spacing:-.4pt;
        color:#333366;
        background-color:#cccc99;}
```

Indentation du texte

La commande text-indent porte sur la première ligne du texte qui fait alors l'objet d'un retrait. Elle est suivie d'une valeur exprimée en pt, pc, cm, mm, in, px, em, ex - voir ci-dessus pour plus de détails.

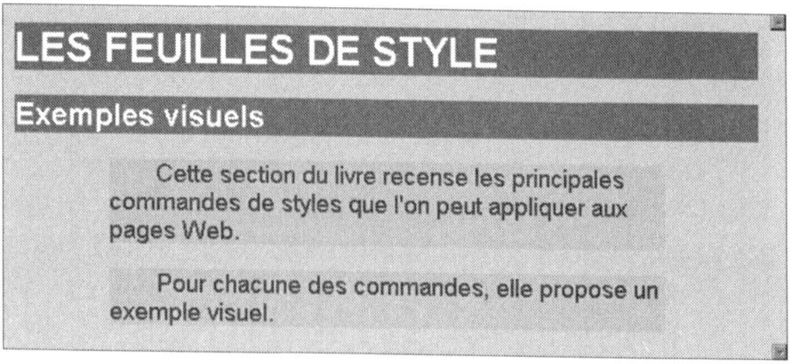

La commande text-indent crée un retrait de la première ligne.

L'exemple ci-dessus correspond au code .css suivant :

```
P
        {font-size:14pt;
        margin-right:4em;
        margin-left:4em;
        text-indent:2em;
        color:#333366;
        background-color:#cccc99;}
```

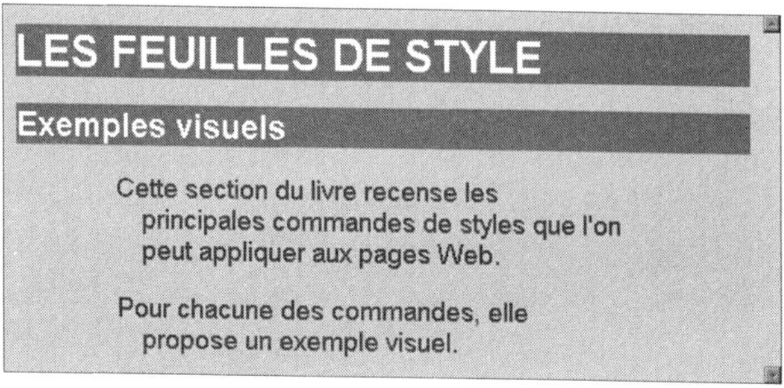

Définition d'un retrait négatif pour la 1ère ligne.

Si l'on indique une valeur négative, la première ligne fait alors l'objet d'un "retrait négatif". Il faut pour cela que l'on ait indiqué une valeur pour **margin-left** (la marge gauche) comme dans cet exemple :

```
P
        {font-size:14pt;
        margin-right:5em;
        margin-left:5em;
        text-indent:-1em;
        color:#333366}
```

Hauteur de ligne

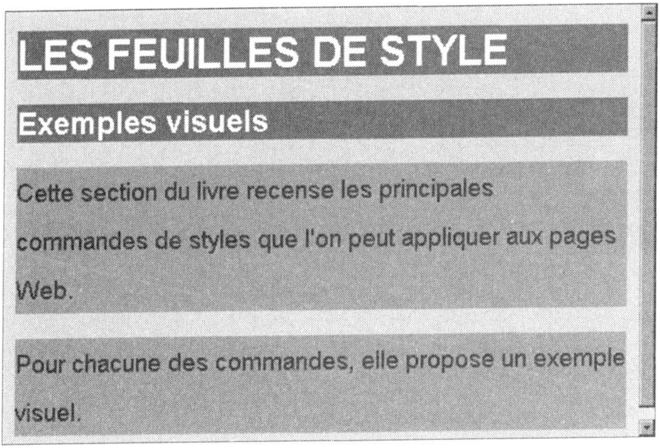

Définition d'un double interligne.

Enfin, **line-height** permet d'influer sur la distance verticale entre les lignes du texte. La valeur peut être exprimée en **pt**, **pc**, **cm**, **mm**, **in**, **px**, **em**, **ex** - voir "Espacement des caractères" pour plus de détails. Il peut être utile de choisir **em** (hauteur de la police) comme base. Ainsi, dans l'exemple ci-dessus, nous définissons un double interligne.

```
P
        {font-size:14pt;
        line-height:2em;
        color:#333366;
        background-color:#cc9933}
```

Taille du bloc de texte

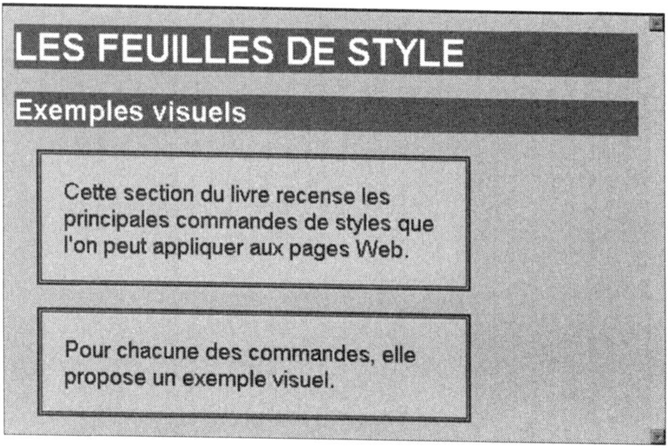

Réduction de la taille des lignes du paragraphe.

Il est possible de limiter la taille horizontale comme verticale d'un bloc de texte donné en introduisant la commande **width** qui définit la largeur de la ligne.

Dans l'exemple ci-dessus, nous voyons l'effet de cette commande s'ajouter à celui des marges et de l'encadrement du texte :

```
P
        {width:20em;
        font-size:14pt;
        margin-right:1em;
        margin-left:1em;
        border-style:double;
        padding-left:1em;
        padding-right:1em;
        padding-top:1em;
        padding-bottom:1em;
        color:#333366;
        background-color:#ffcc99}
```

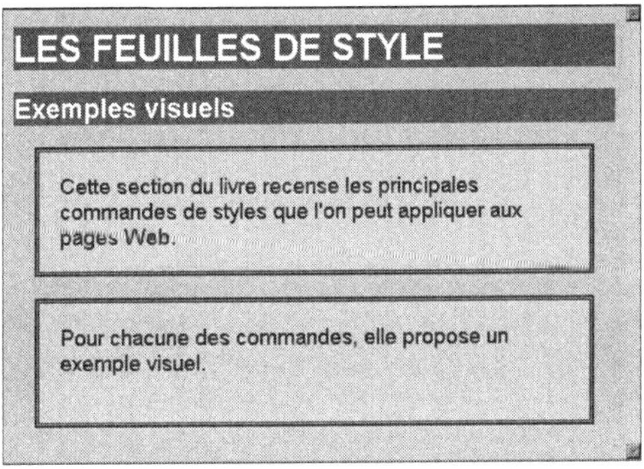

Indication d'une hauteur précise pour le paragraphe.

Si l'on utilise **height**, il est possible de définir une taille de paragraphe qui sera uniforme, ce qui entraîne un style de mise en page intéressant. Dans cet exemple, nous avons défini une taille (6 fois la hauteur d'un caractère) supérieure ou égale à celles qu'auraient nos paragraphes en temps normal. Si jamais la valeur indiquée pour **height** est inférieure à celle nécessaire pour contenir le texte, elle n'est pas prise en compte. Le code de l'exemple ci-dessus est le suivant :

```
P
        {height:6em;
        font-size:14pt;
        margin-right:1em;
        margin-left:1em;
        border-style:double;
        padding-left:1em;
        padding-right:1em;
        padding-top:1em;
        padding-bottom:1em;
        color:#333366;
        background-color:#ffcc99}
```

Positionnement flottant

En combinant des tailles de bloc précises avec la commande **float**, il est possible de créer un effet assez spectaculaire : le placement de paragraphes côte à côte.

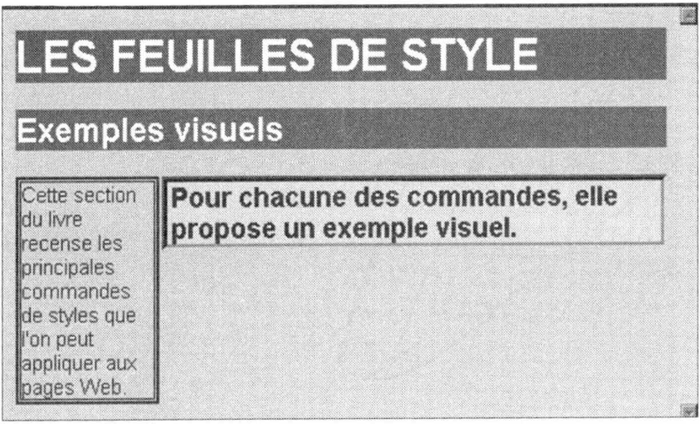

Placement de deux paragraphes côte à côte.

Lorsque l'on indique la commande {float:left} dans un élément, l'élément vient se placer à gauche et le bloc de texte suivant est affiché sur sa droite et non pas au-dessous. Il faut toutefois, pour que cet effet fonctionne :

- que le premier élément ait une largeur de bloc limitée (avec **width**),
- que le second démarre à une position au-delà de cette largeur de bloc (grâce à la commande **margin-left**).

Dans l'exemple affiché ci-dessus, le premier bloc correspond à la balise <P>. Celle-ci se voit attribuer une largeur de 80 pt. La balise P de la feuille de style comporte la commande {float:left}.

Le second bloc correspond à la balise <H6>. Il est défini avec une marge gauche de 82 pt.

Le code complet de cet exemple est le suivant :

```
P
        {width:80pt;
        font-size:11pt;
        border-style:double;
        color:#333366;
        float:left}
H6
        {width:200pt;
        font-size:14pt;
        margin-left:82pt;
        border-style:inset;
        color:#333366;
        background-color:#ffcc99}
```

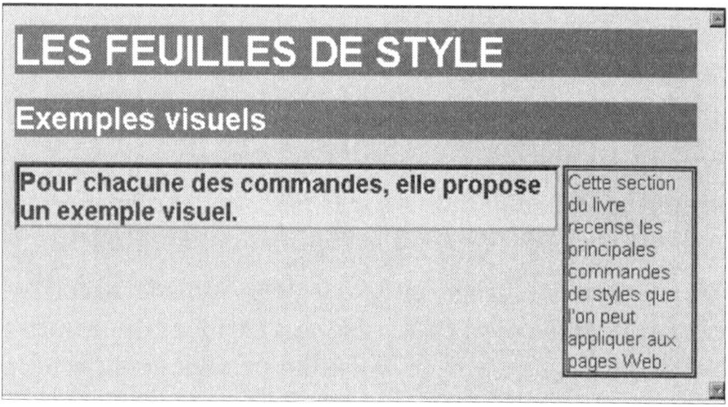

Inversion de l'ordre de placement des paragraphes côte à côte.

La commande {float:right} a l'effet inverse : le bloc vient se placer à droite et le suivant s'affiche sur sa gauche. Pour qu'elle fonctionne, il faut indiquer cette fois-ci une valeur dans **margin-right**, supérieure ou égale à la taille du premier bloc :

```
P
        {width:80pt;
        font-size:11pt;
        border-style:double;
        color:#333366;
        float:right}
H6
        {font-size:14pt;
        margin-right:82pt;
        border-style:inset;
        color:#333366;
        background-color:#ffcc99}
```

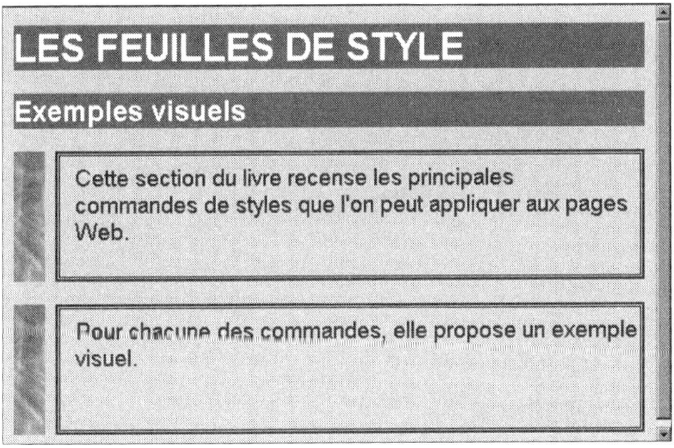

Placement d'une image à droite de chaque paragraphe.

Il est possible d'utiliser la commande **float** pour placer une image sur une surface précise, sur la droite ou sur la gauche d'un paragraphe. Dans le présent exemple, cet effet a été obtenu en juxtaposant des blocs précédés des balises <H5> et <P>. <H5> est le bloc qui reçoit l'image grâce à la commande **background-image** (voir chapitre 3 - 2 : "Couleurs et fonds de pages").

```
H5
        {width:20pt;
        background-image:URL(fondmm.jpg);
        height:80pt;
        float:left}
P
        {font-size:14pt;
        margin-left:25pt;
        height:80pt;
        padding-left:10pt;
        padding-top:5pt;
        border-style:double;
        color:#333366}
```

Pour cet exemple, nous avons modifié le code HTML de la façon suivante :

```
<BODY>
<H1>LES FEUILLES DE STYLE</H1>
<H2>Exemples visuels</H2>
<H5></H5>
<P>
```

```
Cette section du livre recense les principales commandes de
styles que l'on peut appliquer aux pages Web.</P>
<H5></H5>
<P>
Pour chacune des commandes, elle propose un exemple visuel.
</BODY>
```

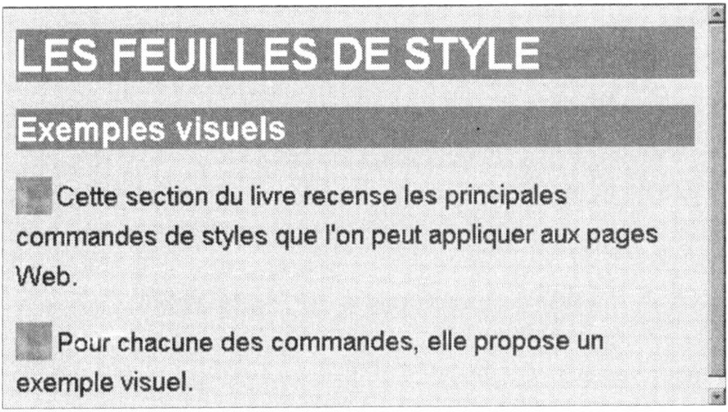

Utilisation du flottement pour créer des puces.

Si l'on réduit la taille de l'image placée sur la gauche, elle peut prendre l'allure d'une puce. L'exemple ci-dessus a été obtenu en modifiant les balises .css H5 et P de la façon suivante :

```
H5
        {width:20pt;
        height:20pt;
        background-image:URL(fondmm.jpg);
        float:left}
P
```

```
        {font-size:14pt;
        line-height:1.5em}
```

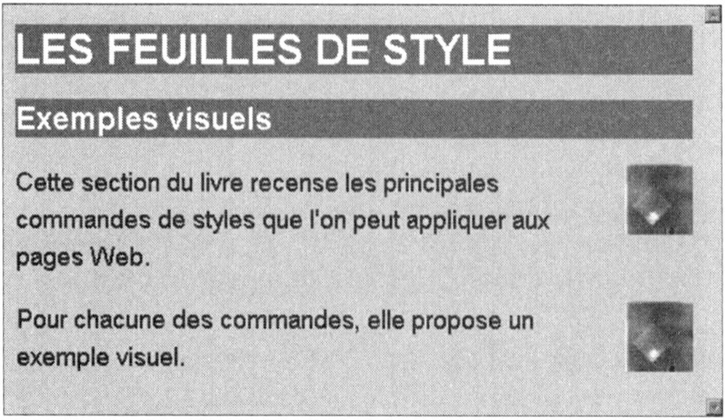

Changement de l'image qui sert à créer la puce.

Une simple modification de l'image placée en regard du paragraphe, et/ou de son emplacement suffirait ainsi à changer le style du site Web dans son intégralité, comme dans cet exemple.

```
H5
        {width:40pt;
        height:40pt;
        background-image:URL(empire.jpg);
        float:right}
P
        {font-size:14pt;
        line-height:1.5em}
```

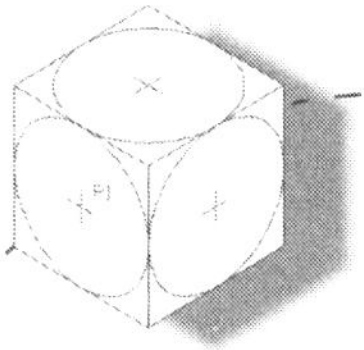

4. VBScript

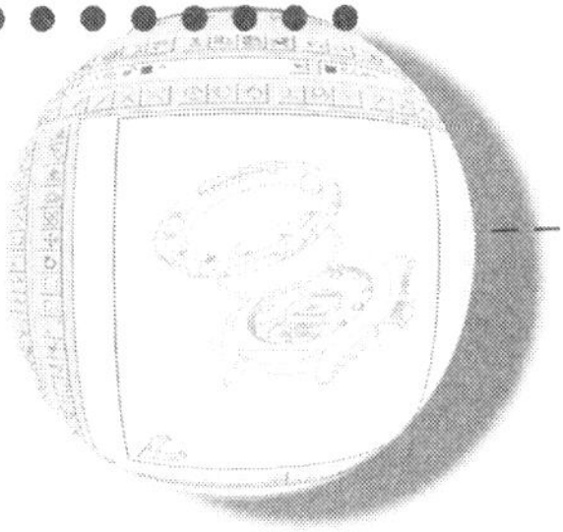

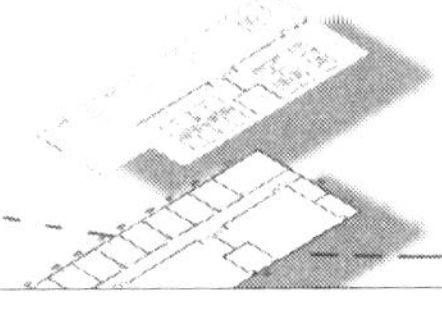

4 - 1 Introduction à VBScript

La programmation d'applications pour le Web permet de dynamiser un site, d'ouvrir une véritable interaction avec le visiteur, de personnaliser son parcours, d'obtenir un feed-back... C'est donc une activité théoriquement plaisante. Hélas, les débuts du Web ont été marqués par l'apparition d'une foison de standards potentiels, de nombreux éditeurs cherchant à imposer leur solution. Vers 1995, les créateurs de sites avaient fort à faire pour arrêter leur choix sur la technologie idéale.

En mai 1995, les principaux acteurs de l'industrie informatique semblaient avoir indiqué quelle serait leur direction commune; un langage de Sun baptisé Java. Ce langage avait été créé vers la fin des années 80, par un dénommé James Goslin effectuant alors des recherches sur la télévision numérique au sein de la société Sun. L'équipe de Goslin avait ainsi défini ce langage, Java, permettant de réaliser de petites applications (appelées applets), intégrant du son, de l'animation... En cette année 1995, Java apparaissait idéal pour le Web.

Sun avait annoncé son intention de mettre Java à la disposition de la communauté des développeurs du Web le 23 mai 1995. Netscape, alors la société ayant le vent en poupe, avait été la première à signer une licence Java.

Cet éditeur avait été rejoint par IBM et Oracle, trop heureux de soutenir une alternative potentielle à Windows.

Java n'avait finalement pas rencontré le succès attendu. Complexe à mettre en œuvre, il produisait des applications Web impressionnantes mais lourdes, avec un téléchargement trop long par rapport aux équipements informatiques de l'époque.

De son côté, Netscape avait intégré dans la version 3.0 de son explorateur un nouveau langage, le JavaScript. Le rapport avec Java était relativement lointain mais Netscape avait profité de l'aura médiatique qui s'était développée autour du langage de Sun. JavaScript était plus simple à mettre en œuvre que Java; les commandes étaient directement écrites à l'intérieur du texte d'une page Web, en d'autres termes, elles venaient se marier avec l'HTML. Il s'agissait par ailleurs d'un langage "interprété" (immédiatement exécutable) et ne nécessitant pas une compilation (traduction en code binaire) avant d'être exécuté.

JavaScript aurait pu devenir la solution optimale pour le développement d'applications Web, mais les développeurs ont dû faire face à trois types de problèmes :

- le langage JavaScript reposait sur une syntaxe stricte, extrêmement rigide, totalement à l'opposé du caractère par trop libéral de l'HTML. Si les programmeurs professionnels sont habitués à un tel contexte, il n'en est pas de même des développeurs occasionnels.
- les versions successives de JavaScript n'étaient pas toujours compatibles entre elles. Ainsi, une application développée avec une version du langage ne fonctionnait pas nécessairement telle quelle avec un navigateur supportant une autre version.

- étant donné la rivalité existant entre Netscape et Microsoft, ces deux éditeurs ont fait évoluer en parallèle des versions de JavaScript (et Jscript en ce qui concerne le second) présentant des disparités.

Microsoft, tout en poussant Internet Explorer, a tenté d'imposer un langage de script alternatif, VBScript, inspiré du Basic et du Visual Basic.

Le Basic

Le Basic a toujours été l'un des langages fétiches de Bill Gates, le fondateur de Microsoft. Le BASIC est un langage dont la programmation est fort simple. Sa syntaxe a été définie en 1964 par John Kemeny et Thomas Kurz dans un but précis : rendre la programmation des ordinateurs accessible à tous. Ses créateurs ont notamment opté pour une forme “interprétée” des commandes : lorsque l'utilisateur tape une instruction, l'ordinateur l'exécute aussitôt. De cette façon, ceux qui abordent la programmation peuvent immédiatement observer le résultat de ce qu'ils ont tapé.

Bill Gates a découvert le BASIC vers 1968, en tant qu'élève du lycée de Lakeside à Seattle, et le coup de foudre a été énorme - il en est né une vocation. Le prodige va par la suite associer sa destinée à celle de ce langage, tout au moins sur les premières années de ce qui va devenir Microsoft.

C'est au cours de l'hiver 1975 que Bill Gates, étudiant en mathématiques à Harvard et âgé de 20 ans, et son ancien compagnon de lycée, Paul Allen, ont découvert sur la couverture d'un magazine, *Popular Electronics*, que le premier micro-ordinateur, l'Altair, venait d'apparaître. Ils ont alors entrepris d'écrire eux-mêmes le premier BASIC de l'Altair. Ils y sont parvenus, en programmant nuit et jour durant plusieurs semaines, sur l'ordinateur de l'université. La légende veut que Paul Allen ait apporté la touche finale de ce BASIC alors que l'avion était en train de descendre vers l'aéroport d'Albuquerque, ville dans laquelle siégeait MITS, le constructeur de l'Altair.

Comme le BASIC de Gates et Allen était d'une qualité suffisamment élevée pour qu'il soit possible de le commercialiser, les deux compères ont ainsi fondé une société de logiciels pour micro-ordinateurs : Microsoft. Par la suite, de 1976 à 1980, cet éditeur de logiciels va s'imposer comme le plus important sur le marché naissant de la micro-informatique (alors dominé par Apple, Commodore et Tandy) du simple fait qu'il portait son BASIC sur toutes les machines qui apparaissent sur le marché.

En 1980, peu avant qu'IBM ne rende visite à un minuscule éditeur baptisé Microsoft afin de passer commande de logiciels pour son futur IBM PC, Microsoft avait vendu près d'un million de BASIC. Dans les études menées sur le marché des micro-ordinateurs, IBM ne pouvait manquer de remarquer le nom de Microsoft : on trouvait le BASIC de cet éditeur sur la quasi-totalité des modèles en circulation.

La suite est connue. La visite d'IBM chez Microsoft a abouti à une commande de taille, celle du système d'exploitation de l'IBM PC, le MS-DOS. Présent sur tous les PC et ordinateurs compatibles PC, le MS-DOS a généré des revenus énormes et contribué à faire de Microsoft le premier éditeur de logiciels du monde, dès 1987, année durant laquelle ses revenus ont dépassé ceux de Lotus. Il n'a plus quitté cette position depuis et la popularité de Windows, au cours des années 90, n'a fait que renforcer cette domination de la firme de Bill Gates.

Etant donné que tout a commencé avec le Basic, Gates a conservé un attachement particulier pour ce langage. De ce fait, dès 1991, Microsoft a lancé le Visual Basic, un Basic adapté au développement sous Windows, avec une facilité de programmation similaire. Le Visual Basic est devenu extrêmement populaire.

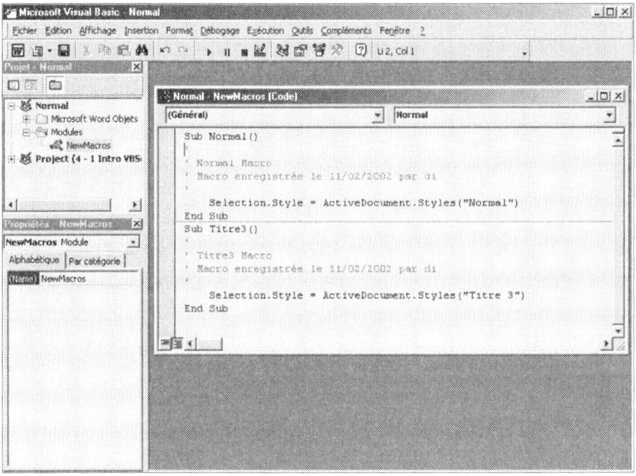

Lorsque l'on crée une macro sous Word et que l'on désire la modifier, le Visual Basic Editor est automatiquement chargé en mémoire. Word, tout comme Excel, s'appuie en effet sur une version de Visual Basic pour ses macros.

L'étape suivante a consisté à intégrer un dérivé du Visual Basic dans les logiciels de la gamme Office tels que Word et Excel. Depuis 1997, c'est un dérivé du Visual Basic qui sert pour la programmation des macros au sein de ces programmes de bureautique : VBA, ou Visual Basic for Applications.

A la même époque, est apparu le VBScript, dédié au développement d'applications pour le Web. Il s'agit du même langage que le VBA, lesté de certaines instructions qui ne seraient pas appropriées à une application pour le Web. Avantage : quiconque connaît VBA ou Visual Basic peut aborder extrêmement rapidement le VBScript. Plus généralement, la connaissance de l'un des trois facilite l'abord des deux autres.

Internet Explorer a pris en compte le VBScript dès 1997. Ce langage s'est avéré plus simple à utiliser que JavaScript, étant moins strict dans sa forme. Par exemple, là où sous JavaScript les instructions doivent se terminer par un point-virgule, VBScript n'en exige pas : par défaut, dans ce langage, chaque nouvelle ligne correspond à une instruction différente. De même, là où sous JavaScript, *nom et NOM* représenteraient deux variables différentes, il s'agirait de la même variable sous VBScript.

Netscape, au fil des versions, n'a jamais intégré le VBScript, mais comme nous l'indiquons dans l'introduction de ce livre, le problème est limité pour le développeur d'applications car la part de marché de Netscape Communicator est devenue fort réduite.

VBScript

Le VBScript est un langage de programmation interprété, ce qui signifie qu'il est exécuté de façon immédiate, à l'instar du Basic d'origine[1]. Lorsque Internet Explorer rencontre une instruction VBScript, il peut l'exécuter aussitôt - sans qu'il soit nécessaire de compiler le code VBScript.

Les instructions VBScript sont placées dans la page HTML et se distinguent des balises HTML habituelles par le fait qu'elles sont placées à l'intérieur de marqueurs spécifiques :

```
<SCRIPT LANGUAGE="VBScript">
...
suite d'instructions
...
</SCRIPT>
```

A l'origine, lorsque de nombreux navigateurs anciens étaient encore utilisés, tels que Mosaic ou encore les premières versions de Netscape Navigator ou Internet Explorer, il fallait prendre en compte le fait que ces logiciels ne reconnaissaient pas des langages tels que JavaScript ou VBScript. Les programmeurs de cette époque ont donc pris l'habitude d'insérer le code relatif à un script à l'intérieur de deux balises supplémentaires <!— et //—>. Le script avait donc l'aspect suivant :

[1] En réalité, les applications VBScript sont compilées en mémoire grâce à un composant de Internet Explorer appelé ActiveX Scripting.

```
<SCRIPT LANGUAGE="VBScript">
<!—
...
suite d'instructions
...
//—>
</SCRIPT>
```

De cette façon, lorsqu'un navigateur tel que Mosaic rencontrait les balises <!— et //—>, il ignorait tout ce qui se trouvait entre celles-ci, considérant le code correspondant comme un long commentaire. Faute de procéder ainsi, les instructions VBScript auraient été affichées à l'écran.

Le parc des navigateurs Web a fortement évolué et de nos jours, il est rarissime de trouver un utilisateur de Mosaic ou des toutes premières versions de Netscape Navigator ou Internet Explorer. De ce fait, il n'est plus nécessaire d'indiquer les balises <!— et //—> à l'intérieur d'un script. Toutefois, il est possible que le logiciel utilisé pour créer vos pages HTML, comme par exemple HTML Kit ou Microsoft Script Editor (cf. chapitre 1 - 2) insère automatiquement ces marques - tout dépend des options validées pour ces logiciels. C'est la raison pour laquelle nous en faisons mention ici.

Le premier script VBScript

Pour comprendre comment fonctionne le VBScript, nous allons écrire un premier script, aussi simple que possible :

```
<HTML>

<HEAD>
<TITLE></TITLE>
<LINK REL="stylesheet" HREF="style.css">
</HEAD>

<BODY>
<H1>Un essai de VBScript</H1>

<SCRIPT LANGUAGE="VBScript">
nom = InputBox("Veuillez taper votre nom")
message = "Bienvenue sur ce site, " & nom
document.write(message)
</SCRIPT>

</BODY>
</HTML>
```

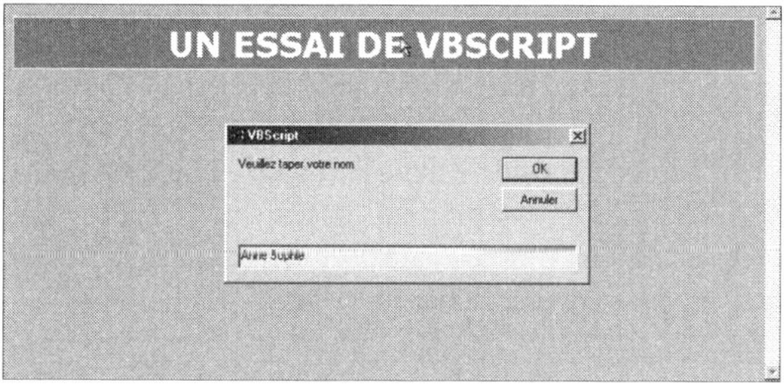

*La commande **InputBox** de VBScript entraîne l'affichage d'une boîte de dialogue invitant l'utilisateur à indiquer son nom.*

Le script utilisé ici fait appel à une fonction de VBScript, **InputBox**, pour afficher une boîte de dialogue. Le texte se trouvant à l'intérieur des parenthèses et des guillemets est celui que voit apparaître le visiteur du site. La réponse de l'utilisateur est placée dans une variable, ici appelée *nom*. Une autre variable, intitulée *message*, permet de constituer une chaîne de caractères qui juxtapose l'expression “Bienvenue sur ce site” et la réponse de l'utilisateur.

A partir de la réponse de l'utilisateur, un message de bienvenue personnalisé est constitué.

La chaîne de caractères correspondante est alors affichée à l'aide de l'instruction VBScript **document.write** qui permet d'écrire du texte dans le document qu'est la page Web. Elle a le même effet qu'un texte qui serait simplement placé entre deux balises HTML, avec la nuance qu'il est possible d'afficher le contenu d'une variable.

Nous vous invitons à taper ce script et à le tester afin d'obtenir un premier aperçu du VBScript. Ce simple exemple met en avant les caractéristiques d'un langage de programmation et ce qui le distingue du HTML :

- la possibilité d'interagir avec l'utilisateur,
- la possibilité d'opérer un traitement à partir des données entrées par l'utilisateur (ou bien encore, comme nous le verrons, à partir d'autres données) de façon à personnaliser la visite du site.

Ce type de script est particulièrement basique (sans jeu de mot !), mais il est néanmoins employé sur un certain nombre de sites, lesquels invitent l'utilisateur à s'identifier. Il n'est pas forcément recommandé de le mettre à contribution, certains visiteurs appréciant avant tout de trouver au plus vite ce qu'ils désirent sur un site. A vous de juger.

Placement du code des procédures VBScript

Le code des scripts VBScript peut être placé n'importe où à l'intérieur de la page HTML. Dans l'exemple ci-dessus, nous l'avons intégré dans le corps de la page (entre les balises <BODY> et </BODY>). Il est nécessaire d'agir ainsi chaque fois que nous désirons placer du texte dans la séquence de la page HTML.

En revanche, il est d'usage de placer le code des procédures écrites en VBScript dans l'en-tête de la page. Les procédures se distinguent du code usuel par le fait qu'elles ne sont pas exécutées immédiatement mais uniquement lorsqu'il y est fait appel. Sous d'autres langages, il est usuel de parler de fonctions. Voici un exemple de procédure :

```
<HTML>

<HEAD>
<TITLE></TITLE>
<LINK REL="stylesheet" HREF="style.css">
<SCRIPT LANGUAGE="VBScript">
Sub bouton_OnClick()
        MsgBox "Merci"
End Sub
</SCRIPT>
</HEAD>

<BODY>
<H1>Un bouton en VBScript</H1>
<FORM>
<INPUT TYPE="BUTTON" VALUE="Cliquez sur ce bouton !"
NAME="bouton">
</FORM>

</HTML>
```

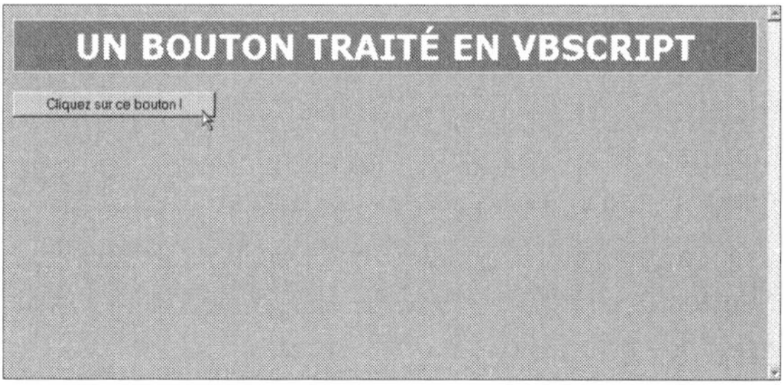

Affichage d'un bouton à l'aide de la commande HTML ***<FORM>****.*

Dans cet exemple, nous définissons une fonction VBScript appelée **bouton_OnClick()**. Son nom est constitué de deux éléments, **bouton** et **OnClick()**. Le premier désigne une variable définie à l'aide de la balise **<FORM>**. Nous avons là une séquence HTML tout à fait classique. La commande **<INPUT TYPE="BUTTON">** permet d'afficher un bouton et le mot-clé **NAME** permet de nommer cette variable.

Une fois que l'utilisateur a cliqué sur le bouton, le script VBScript fait apparaître une boîte de message.

Le langage VBScript permet d'associer des événements à des éléments d'une page Web dès lors qu'ils sont nommés, comme c'est le cas pour *bouton* ici - nous reviendrons en détail sur cet aspect de ce que l'on appelle le HTML Dynamique. Le suffixe **OnClick()** est standard et signifie que VBScript va prendre en compte le fait que l'utilisateur ait cliqué sur un élément donné de la page : un lien, ou encore, comme dans le cas présent, un bouton. De fait, la procédure **bouton_OnClick** définit l'action qui s'effectuera lorsque l'utilisateur clique sur la variable de nom *bouton*. La commande **MsgBox** permet d'afficher une boîte de message.

Comme vous pouvez le constater, une procédure est définie avec le mot-clé **Sub** et se termine par le mot-clé

End Sub. Il est également possible de définir une procédure **Functions**, selon un même modèle, le code étant alors placé entre les mots-clés **Function** et **End Function**. La différence essentielle entre les procédures **Sub** et **Function**, c'est que les dernières peuvent renvoyer une valeur au code qui leur fait appel. Nous n'entrerons pas davantage dans les détails des procédures et fonctions dans ce chapitre introductif.

Retenons toutefois que toutes les procédures définies en VBScript gagneront à être placées dans l'en-tête de la page HTML, soit entre <HEAD> et </HEAD>.

Commentaire

La règle d'une bonne programmation implique de commenter le code que l'on écrit. De cette façon, il sera plus facile de reprendre un script plusieurs mois plus tard, afin de le modifier.

Pour indiquer une ligne de commentaire au sein d'un script VBScript, il suffit d'indiquer le caractère guillemet simple. Tout ce qui suit ce symbole est considéré comme un commentaire :

```
<SCRIPT LANGUAGE="VBScript">
nom = InputBox("Veuillez taper votre nom")       ' demande de
frapper un nom
message = "Bienvenue sur ce site, " & nom
document.write(message)   ' écrit un message personnalisé
</SCRIPT>
```

Suite à cette introduction, nous sommes prêt à aborder plus en détail les éléments du langage VBScript.

4 - 2 Les éléments du langage VBScript

Avant d'écrire nos premiers programmes en VBScript, il importe de bien différencier quelles sont les composantes de ce langage et les règles qui s'y appliquent. Les éléments essentiels de ce langage sont analogues à ceux de tout langage de programmation. VBScript comporte :

- des **variables**. Celles-ci servent à stocker des valeurs et comme dans tout langage, elles ont une forme donnée,
- des **opérateurs** qui vont permettre des calculs sur ces variables ou bien encore des transformations,
- des **instructions** : test de conditions, boucles, etc.
- des **fonctions prédéfinies** telles que l'indication de la date et de l'heure, etc. Une fonction est une opération plus ou moins appliquée sur une donnée.
- VBScript gère également un concept propre aux pages Web : les **méthodes**. Celles-ci sont liées aux objets d'une page Web - ce concept fait l'objet d'un chapitre spécifique.

Dans ce chapitre, nous allons passer en revue ces éléments et aborder quelques très courts exemples. Si vous avez déjà utilisé des langages, comme par exemple JavaScript, vous remarquerez très rapidement combien VBScript est souple dans son usage.

Variables

Une variable est une zone de la mémoire de l'ordinateur qui peut recevoir diverses valeurs. Créer une variable en VBScript est extrêmement simple. Il suffit d'indiquer un nom commençant par une lettre de l'alphabet. Les caractères qui suivent peuvent être de diverses natures : lettres, chiffres, tous types de caractères spéciaux à l'exception des points et espaces. Les noms qui suivent sont donc valides : *age, trimestre2, valeur_en_$,* etc.

VBScript est très libéral sur la façon d'écrire les noms des variables. Ainsi, *Mois, mois* et *MOIS* seront considérés comme la même variable. Notons par ailleurs, mais pour la forme, que la limitation de taille pour le nom d'une variable s'élève au chiffre théorique de 255 caractères !

Type des variables

Dans la plupart des langages, une variable possède un type donné : numérique, texte, etc. VBScript, pour sa part, se montre souple. Les variables ont un seul type appelé Variant, ce qui signifie qu'elles peuvent recevoir aussi bien du texte, des chiffres, des dates... La dernière valeur affectée à la variable détermine son type à un moment donné :

```
trimestre = "deuxième"            ' type caractère
trimestre = 3                     ' type nombre
trimestre = trimestre + 2         ' trimestre est égal à 5
trimestre = "3"                   ' type caractère
trimestre = trimestre + "2"       ' trimestre est égal à "32"
```

Dans l'exemple ci-dessus, la variable *trimestre* reçoit d'abord une chaîne de caractères, puis un entier, puis à nouveau une chaîne de caractères - le fait de placer un nombre entre guillemets l'assimile à une chaîne. Dans chaque cas de figure, les opérations possibles varieront selon le type en cours. Comme nous le voyons dans l'exemple ci-dessus, le fait d'ajouter 2 ou "2" à la variable *trimestre* n'a pas le même effet : dans le premier cas, une opération arithmétique est effectuée, dans le second, une "concaténation" (ou juxtaposition) de deux lettres.

Déclaration explicite de la variable

Il est possible de définir explicitement une variable en utilisant l'instruction Dim. Cette instruction devrait être familière à tous ceux qui ont programmé en Basic.

```
Dim trimestre, couleur, poids_à_jeun  ' déclaration de trois
variables
Dim jour_semaine(30)                  ' déclaration d'un tableau
de 31 éléments
```

Dans le deuxième exemple indiqué ici, Dim sert à définir un tableau du fait de la présence de parenthèses. Le nombre d'éléments du tableau est égal au chiffre indiqué entre parenthèses plus 1. En effet, la première case est indexée par le nombre 0. Nous aurions une séquence telle que :

```
Dim jour_semaine(30)
jour_semaine(0) = "mardi"
```

```
jour_semaine(1) = "mercredi"
jour_semaine(2) = "jeudi"
...
```

Il est à noter que VBScript est là encore d'une grande souplesse, car il est possible d'utiliser Dim avec des parenthèses vides pour définir un tableau "dynamique" - sans taille particulière.

Une règle existe quant à la portée des variables. Une variable définie en dehors d'une procédure est dite "publique", ce qui signifie que sa valeur est accessible dans tout script de la page HTML. En revanche, une variable définie à l'intérieur d'une procédure (entre les mots-clés Sub et End Sub) est dite "privée", sa valeur n'étant accessible qu'au sein de cette procédure. L'usage, dans ce deuxième cas, veut que l'on place toutes les instructions Dim au tout début de la procédure, soit juste après la ligne Sub.

```
Dim jour, mois, an              ' variables publiques

Sub Bienvenue
Dim heure = Hour(Time)     ' variable privée
if heure < 18 Then
        document.write("Bonjour")
else
        document.write("Bonsoir")
End Sub
```

Il est également possible d'utiliser les mots-clés Public et Private pour influer sur la portée désirée d'une variable.

Les variables définies avec Private sont uniquement accessibles à l'intérieur du script dans lequel elles ont été déclarées. Celles déclarées avec Public sont accessibles par toutes les procédures de la page, même lorsque la variable aurait été déclarée au sein d'une procédure.

Sous-type et déclaration explicite

Bien que le type d'une variable soit Variant, ce concept englobe un certain nombre de possibilités citées ici et appelées "sous-types".

Sous-type	Description
Empty	Variable n'ayant pas été initialisée. Sa valeur est égale à zéro pour les variables numériques et à une chaîne de longueur nulle ("") pour les variables chaîne.
Null	La variable contient un contenu incorrect.
Boolean	Vrai ou **Faux**.
Byte	Entier de 0 à 255.
Integer	Entier de -32 768 à 32 767.
Currency	-922 337 203 685 477,5808 à 922 337 203 685 477,5807. Sert à gérer de très grandes valeurs financières.
Long	Entier de -2 147 483 648 à 2 147 483 647.
Single	Nombre à virgule flottante en précision simple de -3,402823E38 à -1,401298E-45 pour les valeurs négatives ; de 1,401298E-45 à 3,402823E38 pour les valeurs positives.
Double	Nombre à virgule flottante en précision double de -1,79769313486232E308 à -4,94065645841247E-324 pour les valeurs négatives ; de 4,94065645841247E-324 à 1,79769313486232E308 pour les valeurs positives.

Date (Time)	Nombre représentant une date située entre le 1er Janvier 100 et le 31 Décembre 9999.
String	Chaîne de longueur variable limitée à environ 2 milliards de caractères.
Object	Objet.
Error	Numéro d'erreur.

Pour des raisons de rigueur, le développeur d'une application Web peut déclarer de manière explicite le sous-type d'une variable dans une instruction **Dim** :

dim jour as Date

```
dim Prénom as String
dim Choix as Boolean
dim Poids as Integer
```

Constantes

Dans certaines situations, le développeur d'une application Web peut souhaiter manipuler des noms de données invariables. Il peut alors définir ce que l'on appelle des constantes, au moyen de l'instruction **Const**. Voici quelques exemples :

```
Const Euro = 6,55957
Const Capitale_de_la_France = "Paris"
Const Date_Naissance = #02/11/64#          ' les dates
VBScript sont au format jour/mois/an
```

Opérateurs

Il existe quatre sortes d'opérateurs sous VBScript :

- les opérateurs arithmétiques
- les opérateurs de concaténation (pour les chaînes de caractères)
- les opérateurs de comparaison
- les opérateurs logiques.

Opérateurs arithmétiques

Ils interviennent sur des valeurs numériques et sont au nombre de 7. +, -, *, / sont les plus courants. On trouve aussi ^, \ et Mod. L'effet des quatre premiers se passe d'explication :

```
a = b + c                  ' addition
a = b - c                  ' soustraction
a = b * c                  ' multiplication
a = b / c                  ' division
```

Qu'en est-il des trois autres ?

- ^ élève un nombre à la puissance indiquée.
- \ effectue une division mais renvoie un nombre entier.
- Mod renvoie le reste de la division.

```
a = b^c                    ' b à la puissance c
a = b \ c                  ' nombre entier issu de la division
```

```
de b par c
a = b Mod c        ' reste de la division de b par c
```

Opérateurs de concaténation

Les opérateurs de concaténation servent à relier deux chaînes entre elles. Il est possible d'utiliser aussi bien le symbole + que le symbole &. Toutefois, il est conseillé de ne se servir que du second. Si vous utilisez +, VBScript va unir les deux variables en se fondant sur le fait qu'il s'agit de chaînes de caractères. Mais en utilisant &, vous évitez tout risque d'ambiguïté.

```
denomination = nom & " " & prenom
adresse = numero & " " & rue
```

Opérateurs de comparaison

Ces opérateurs permettent de comparer deux valeurs et comprennent les signes inférieur à (<), inférieur ou égal à (<=), supérieur à (>), supérieur ou égal à (>=), différent de (<>), et égal à (=). Ils sont souvent utilisés avec une instruction de test d'une condition telle que if.

```
if age < 18
        then document.write("Vous êtes mineur")
```

Le résultat d'une telle comparaison est le booléen Vrai ou Faux.

Lorsque les deux arguments d'une comparaison ont le même type, le résultat de l'opération est évident. Mais que se passe-t-il lorsque les deux arguments sont de type différent ? Le tableau qui suit donne la réponse :

Si	Evaluation de la comparaison
Une expression est numérique et l'autre est une chaîne	L'expression numérique est inférieure à l'expression de chaîne.
Une expression est Empty et l'autre est numérique	La comparaison est effectée sous forme numérique, 0 étant utilisé comme valeur pour **Empty**.
Une expression est **Empty** et l'autre est une chaîne	La comparaison est effectée sous forme de chaîne de caractères, une chaîne de longueur nulle étant utilisée pour **Empty**.
Les deux expressions sont **Empty**	La comparaison renvoie une égalité.

Opérateurs logiques

Les opérateurs logiques sont au nombre de 4 :

- **And** (et) permet de combiner deux ou plusieurs expressions de comparaison, les deux devant être satisfaites,
- **Or** (ou) permet d'associer deux ou plusieurs expressions de comparaison, l'une d'entre elles devant être satisfaite pour que le résultat soit **Vrai**,
- **Not** inverse une expression de comparaison,

- **Xor** correspond à un “ou exclusif” et son comportement est détaillé plus bas.

```
if age < 20 And statut = "pensionnaire" Then
        tarif = 20
if age > 55 Or statut = "temporaire" Then
        tarif = 35
if Not(mois=juillet) Then
        etat = ouvert
```

Plus rarement utilisé, Xor fonctionne de la façon suivante :

Si *expression1* est	et *expression2* est	*XOR* renvoie
Vrai	Vrai	Faux
Vrai	Faux	Vrai
Faux	Vrai	Vrai
Faux	Faux	Faux

Instructions de condition et de boucle

Par essence, un langage de programmation comporte des instructions permettant d’accomplir des actions sur les données. Les deux structures essentielles sont les conditions et les boucles. Dans le premier cas, un traitement est effectué si une certaine condition est remplie. Dans le second, un même traitement est accompli un nombre donné de fois. Ce sont bel et bien là les deux types d'instructions les plus couramment utilisés.

Conditions

Le If .. Then .. Else (littéralement si .. alors .. sinon) est probablement l'instruction la plus répandue dans les langages de programmation et sa forme est presque toujours la même : If (test d'une condition) Then (action à accomplir si la condition est vérifiée) Else (action à accomplir si la condition est fausse).

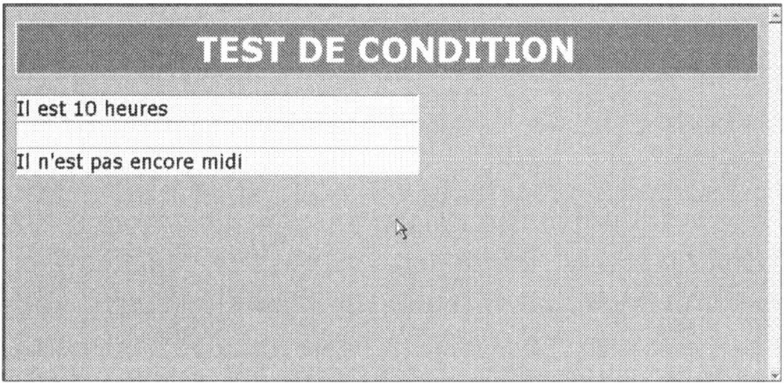

*L'instruction **if** permet d'afficher un message différent selon l'heure du jour.*

En voici un exemple :

```
<HTML>

<HEAD>
<TITLE></TITLE>
<LINK REL="stylesheet" HREF="style.css">
</HEAD>
```

```
<BODY>
<H1>TEST DE CONDITION</H1>
<P>
<SCRIPT LANGUAGE="VBScript">
Document.Write("Il est " & Hour(Time) & " heures")
Document.Write("<P><P>")
If Hour(Time) < 12 Then
        Document.Write("Il n'est pas encore midi")
Else
        Document.Write("Midi est passé")
End if
</SCRIPT>

</BODY>
</HTML>
```

Dans cet exemple, Hour(Time) renvoie l'heure en cours. Selon qu'elle est inférieure à 12 ou bien supérieure ou égale, un message différent est affiché à l'écran. Vous pouvez remarquer que nous avons indiqué une instruction **End if** à la fin de la séquence **If .. Then .. Else**. Celle-ci n'est pas obligatoire mais elle permet de clairement délimiter la fin d'un bloc **If**.

Il est possible de tester plusieurs conditions en utilisant des clauses **Elseif** comme dans cet exemple :

```
If Hour(Time) < 12 Then
        Document.Write("Il n'est pas encore midi")
Elseif Hour(Time) <18 Then
        Document.Write("Il n'est pas encore 18:00")
Else
```

```
        Document.Write("Nous sommes au-delà de 18:00")
End if
```

Toutefois, il existe une autre structure qui se montre plus appropriée à ce type de test conditionnel : **Select Case**. Sa forme est la suivante :

```
Select Case nom-d'une-variable
        Case valeur1 action1
        Case valeur2 action2
        Case valeur3 action3
        etc
End Select
```

Si le jour du mois est égal à 6, un certain album est mis en avant.

Dans l'exemple suivant, un produit différent est mis en avant selon la date jour :

```
<HTML>

<HEAD>
<TITLE></TITLE>
<LINK REL="stylesheet" HREF="style.css">
</HEAD>

<BODY>

<H1>LE CD DU JOUR</H1>
<CENTER>
<P>
<SCRIPT LANGUAGE=VBScript>
document.Write("Nous sommes le " & Now)
document.Write("<P>")
document.Write("Voici la sélection du jour")
document.Write("<P><P><B>")
jour = Day(Now)
Select Case jour
        Case 2    document.Write("Bossa très jazz")
        Case 3    document.Write("Costes - compilation 4")
        Case 6    document.Write("Cold Play - Parachutes")
        Case 10 document.Write("Cam del Mar Ibiza Sunset")
        Case 14 document.Write("Chemical Brothers - 3")
        Case 18 document.Write("Dido - No Angel")
        Case 22 document.Write("Belgrade Coffee Shop")
        Case 28 document.Write("Air - Moonlight Safari")
        Case else document.Write("Daft Punk - Live 1997")
End Select
```

```
</SCRIPT>
</BODY>

</HTML>
```

Le 10 du mois, un autre album est mis en avant.

Dans la séquence **Select Case** indiquée plus tôt, des actions sont effectuées lorsque le jour du mois (obtenu avec la fonction **Day(Now)**) est égal à 2, 3, 6, 10, 14, 18, 22 ou 28. Tous les jours du mois ne sont pas pris en compte ici. C'est la dernière instruction de la séquence, **Case else**, qui prend en charge tous les cas de figure non indiqués.

Pour toutes les journées non prises en compte par une instruction Case, c'est un album particulier qui est présenté au visiteur.

L'utilisation de la structure **Case Select** est largement préférable à une succession de **If Then Else Elseif** pour un tel cas de figure.

Boucles

Les boucles sont des structures permettant de répéter une même action durant un nombre de fois déterminé, ou aussi longtemps qu'une condition est vérifiée. La plupart des langages en proposent plusieurs formes. Sous VBScript, elles sont au nombre de quatre :

- **Do...Loop** : exécute une boucle tant qu'une condition est vraie ou jusqu'à ce qu'elle le devienne.
- **While...Wend** : exécute une boucle tant qu'une condition est vérifiée.
- **For...Next** : utilise un compteur pour exécuter des instructions un certain nombre de fois.
- **For Each...Next** : répète un groupe d'instructions pour chaque élément d'une collection ou d'un tableau.

Do .. Loop est la forme la plus couramment utilisée. Le mot-clé **Do** est généralement suivi du mot-clé **While**, indiquant que la suite d'instructions située entre **Do** et **Loop** sera effectuée aussi longtemps qu'une condition est vérifiée. En voici un exemple :

Au début de la boucle, le fond de la page est affiché en vert foncé.

```
<HTML>

<HEAD>
<TITLE></TITLE>
</HEAD>

<BODY>
<FONT COLOR=WHITE>
<H1>CHANGEMENT DE COULEUR DE FOND DE LA
PAGE</H1>
<SCRIPT LANGUAGE="VBScript">
Couleurfond = &H336633  ' Couleur de début = vert foncé
Couleurfin= &H99BB99     ' Couleur de fin = vert clair
```

```
Pas = &H010101            ' pas

Do While Couleurfond < Couleurfin
document.bgColor = Hex(Couleurfond)' Affiche la couleur de
fond
        Couleurfond = Couleurfond + pas       ' Incrémente la
couleur de fond
Loop
</SCRIPT>


</BODY>

</HTML>
```

Ce script repose sur une boucle Do While .. Loop pour faire passer la couleur de fond d'une page du vert foncé au vert clair. Ces deux couleurs sont définies selon la norme en vigueur pour le Web, c'est-à-dire en fonction de codes hexadécimaux - cf. le chapitre 3 - 2 Couleurs et fonds de page sur la partie consacrée aux feuilles de style.

La page, après exécution de la boucle.

Si l'on utilise la forme **Do While .. Until**, la boucle s'exécute aussi longtemps que la condition est vérifiée. Dans l'exemple ci-dessus, il suffit donc d'inverser la condition testée :

```
<SCRIPT LANGUAGE="VBScript">
Couleurfond = &H336633          ' Couleur de début = vert
foncé
Couleurfin= &H99BB99            ' Couleur de fin = vert
clair
Pas = &H010101                  ' pas

Do Until Couleurfond >= Couleurfin
document.bgColor = Hex(Couleurfond)' Affiche la couleur de
fond
        Couleurfond = Couleurfond + pas        ' Incrémente la
couleur de fond
Loop
</SCRIPT>
```

La forme **While .. Wend** est similaire à **Do While .. Until** : la boucle est exécutée aussi longtemps que la condition est vérifiée :

```
<SCRIPT LANGUAGE="VBScript">
Couleurfond = &H336633          ' Couleur de début = vert
foncé
Couleurfin= &H99BB99     ' Couleur de fin = vert clair
Pas = &H010101           ' pas

While Couleurfond < Couleurfin
document.bgColor = Hex(Couleurfond)' Affiche la couleur de
fond
        Couleurfond = Couleurfond + pas                '
```

```
Incrémente la couleur de fond
Wend
</SCRIPT>
```

Le troisième type de boucle, **For .. Next** repose sur un compteur qui est augmenté d'une certaine valeur à chaque exécution de la boucle. La forme est la suivante :

```
For compteur = valeur initiale To valeur finale [Step valeur
d'incrément]
instructions
        [Exit For]
instructions
Next
```

Si la valeur d'incrément n'est pas spécifiée, elle est égale à 1.

Exit For est facultatif et peut servir à placer un point de sortie de la boucle.

Nous pouvons fort bien adapter la boucle de changement de couleur de fond à une telle instruction :

```
<SCRIPT LANGUAGE="VBScript">
Couleurfond = &H336633          ' Couleur de début = vert
foncé
Couleurfin= &H99BB99            ' Couleur de fin = vert
clair
Pas = &H010101                  ' pas

For i = Couleurfond To Couleurfin Step Pas
```

```
document.bgColor = Hex(i)  ' Affiche la couleur de fond
Next
</SCRIPT>
```

For **Each .. Next** est un peu différent des cas évoqués plus haut. Dans ce contexte, la boucle est exécutée pour chacun des éléments d'un groupe, tel qu'un tableau.

For Each élément **In** group

```
instructions
    [Exit For]
instructions
    Next [élément]
```

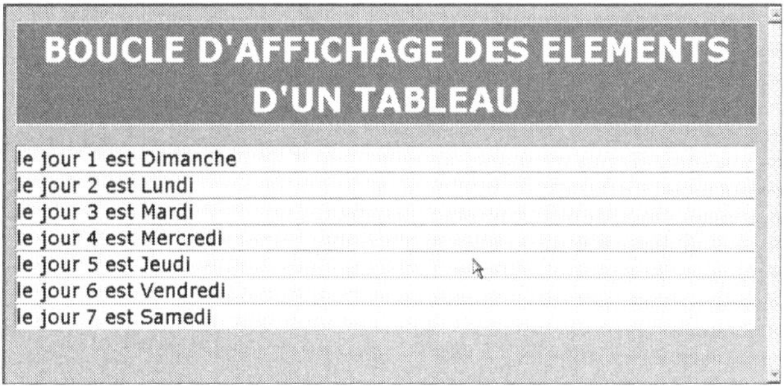

Boucle d'affichage des éléments d'un tableau.

Voici un exemple dans lequel **For Each .. Next** est utilisé pour afficher les éléments d'un tableau :

```
<HTML>
<HEAD>
```

```
<TITLE></TITLE>
<LINK REL="stylesheet" HREF="style.css">
</HEAD>

<BODY>
<H1>BOUCLE D'AFFICHAGE DES ELEMENTS D'UN
TABLEAU</H1>
<SCRIPT LANGUAGE="VBScript">
Dim Semaine(6)
Semaine(0) = "Dimanche"
Semaine(1) = "Lundi"
Semaine(2) = "Mardi"
Semaine(3) = "Mercredi"
Semaine(4) = "Jeudi"
Semaine(5) = "Vendredi"
Semaine(6) = "Samedi"

For Each element In Semaine
i = i + 1
document.Write("<P>")
document.Write("le jour " & i & " est " & element)
Next
</SCRIPT>

</BODY>
</HTML>
```

Pour éviter qu'une boucle ne s'exécute indéfiniment, il est parfois bon de prévoir au sein du bloc d'instructions une ou plusieurs instructions **Exit** provoquant une sortie de la boucle. Selon le type de commande utilisé, l'instruction aura la forme **Exit Do**, **Exit For...**

Fonctions prédéfinies

VBScript propose une liste de fonctions très étendues. La liste complète est présentée dans l'annexe de ce livre avec les détails de leur syntaxe. Celles que vous utiliserez le plus couramment sont les suivantes.

Interaction avec l'utilisateur

- **InPutBox** - affiche une boîte de dialogue invitant l'utilisateur à frapper un texte.
- **MsgBox** - affiche un message dans une boîte de dialogue et attend que l'utilisateur clique sur l'un des boutons.

Fonctions de date

- **Date** renvoie la date courante (jour/mois/an).
- **Time** donne l'heure courante.
- **Now** donne la date et l'heure courantes.
- **DateAdd** ajoute un intervalle à une date.
- **DateDiff** calcule la différence entre deux dates.
- **Year** donne l'année de la date.
- **Month** renvoie le mois de la date.
- **Monthname** renvoie le mois en clair (janvier, février, etc.)
- **Day** renvoie le jour du mois de la date.
- **Hour** renvoie l'heure courante.
- **Minute** renvoie les minutes.
- **Second** donne les secondes.
- **Timer** - nombre de secondes écoulées depuis minuit, permet de créer un chronomètre.

Fonctions de chaîne

- **InStr** repère la première occurrence d'une chaîne dans une autre.
- **InStrRev** repère la dernière occurrence d'une chaîne dans une autre.
- **Left** renvoie n caractères à partir de la gauche d'une chaîne. **Right** a l'effet inverse.
- **Len** donne le nombre de caractères d'une chaîne.
- **LTrim** supprime les espaces à gauche d'une chaîne.
- **Replace** remplace une partie d'une chaîne par une autre.
- **StrComp** compare le contenu de deux chaînes.
- **String** crée une chaîne en répétant plusieurs fois un caractère.
- **UCase** convertit une chaîne en majuscules.

Fonction de tableau

- **Filter** filtre les éléments d'un tableau selon un critère.
- **Join** crée une chaîne en juxtaposant les éléments d'un tableau.
- **Split** crée un tableau à partir d'une chaîne.
- **UBound** renvoie la taille du tableau - l'indice le plus élevé.

Fonctions de nombre

- **Rnd** renvoie un nombre aléatoire.
- **Round** arrondit un nombre.

Evénements DHTML

Ce concept est expliqué dans le détail dans un chapitre ultérieur.

- **GetRef** permet d'associer un événement DHTML à une procédure ou fonction VBScript.

4 - 3 Premières applications VBScript

Au cours de ce chapitre, nous allons mettre en pratique certaines des instructions et fonctions de VBScript étudiées au chapitre précédent, au travers d'une série de petites applications simples.

Accueil variant selon la date et l'heure

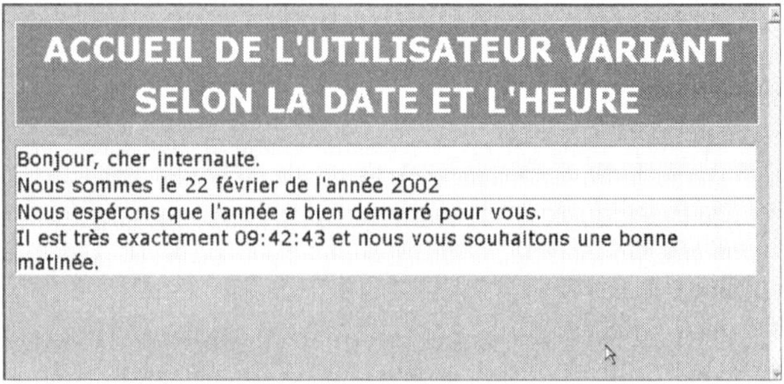

L'utilisateur est accueilli par un message prenant en compte la date et l'heure du jour.

Cette première application affiche un message d'accueil différent selon le moment de l'année et aussi selon l'heure du jour. Elle permet de mettre en pratique les instructions relatives aux dates et à l'heure et aussi les structures conditionnelles que sont **Select .. Case** et **If .. Then .. Else**.

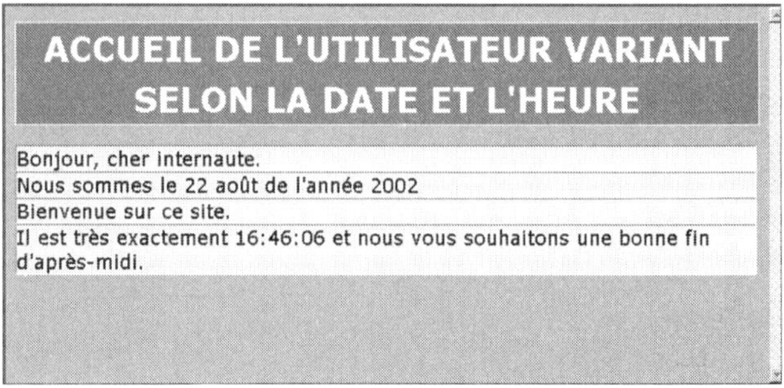

Si l'internaute se connecte à une date ultérieure, il voit apparaître un message d'accueil différent.

En fonction du mois de l'année, un message de bienvenue différent est affiché au moment où l'utilisateur se connecte. Un deuxième message de bienvenue apparaît plus bas, et il tient compte de l'heure de la journée.

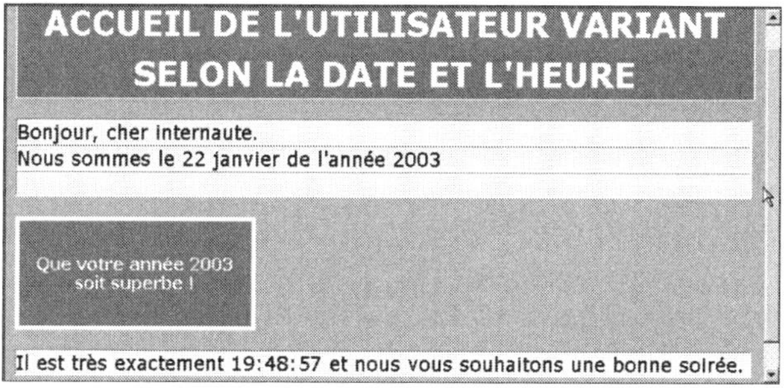

Au cours du mois de janvier, le message de Bonne Année est affiché dans un style différent.

L'affichage de tels messages, s'il est géré de manière adroite, peut contribuer à renvoyer l'impression que le site est "actif". Il est également possible de varier le style des paragraphes. Dans cet exemple, tout au long du mois de janvier, le message de bonne année est affiché dans un style différent, etc.

Voici le code de cette application :

```
<HTML>

<HEAD>
<TITLE></TITLE>
<LINK REL="stylesheet" HREF="style.css">
</HEAD>
```

```
<BODY>
<H1>ACCUEIL DE L'UTILISATEUR VARIANT SELON LA DATE ET
L'HEURE</H1>
<P>
Bonjour, cher internaute.
<P>
<SCRIPT LANGUAGE=Vbscript>
jour = day(now)
mois = month(now)
moisclair = monthname(mois)
an = year(now)
document.Write("Nous sommes le " & jour & " " & moisclair &
" de l'année " & an)

document.Write("<P>")

Select Case mois
        Case 1    document.Write("</P><H2>Que votre année
        " & an & " soit superbe !</H2>")
        Case 2    document.Write("Nous espérons que l'année
        a bien démarré pour vous.")
        Case 5  document.Write("Les vacances approchent.
        Sans doute avez-vous commencé à les préparer.")
        Case 9  document.Write("Nous vous souhaitons une
        bonne rentrée.")
        Case 12 document.Write("La fin d'année approche...
        Et oui, déjà une année écoulée.")
        Case else document.Write("Bienvenue sur ce site.")
End Select

document.Write("<P>")

heure = time()
```

```
document.Write("Il est très exactement " & heure & " et nous
vous souhaitons ")

heure = hour(heure)
if heure < 11 then
        document.Write(" une bonne matinée.")
elseif heure < 12 then
        document.Write("une bonne fin de matinée.")
elseif heure < 16 then
        document.Write("un bon après-midi.")
elseif heure < 18 then
        document.Write("une bonne fin d'après-midi.")
elseif heure < 20 then
        document.Write("une bonne soirée.")
elseif heure < 24 then
        document.Write("une bonne fin de soirée.")
else
        document.Write("une nuit agréable.")
End if
</SCRIPT>

</BODY>
</HTML>
```

Quiz

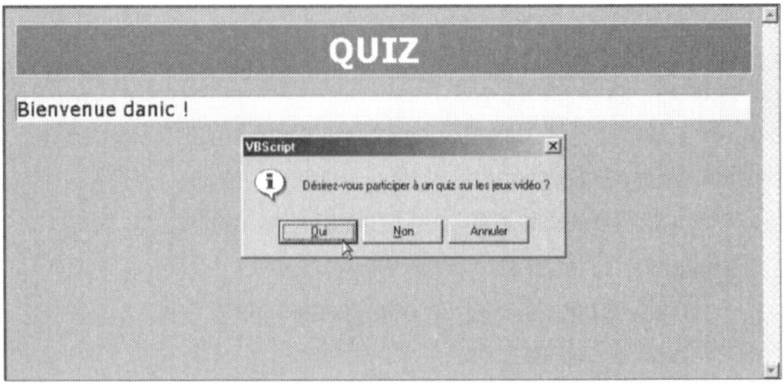

Une boîte de dialogue demande à l'utilisateur s'il désire participer à un quiz.

L'application présentée ici met en avant les possibilités d'interaction avec l'utilisateur rendues possibles par la commande **MsgBox** qui affiche une boîte de dialogue.

Le deuxième paramètre de cette commande est un chiffre et ce chiffre est obtenu par un calcul (voir l'annexe pour les détails sur cette commande). Le nombre 64 correspond à une boîte de dialogue d'information et le nombre 3 fait apparaître les boutons : Oui, Non, Annuler. La somme de 64 et 3 donne 67. En indiquant 67, nous invitons donc l'utilisateur à cliquer sur l'un de ces trois boutons, en réponse à la question posée.

La première question lui demande s'il veut participer à un quiz. S'il clique sur “Non” ou sur “Annuler”, le quiz se termine aussitôt. S'il répond oui, il est soumis à 4 questions.

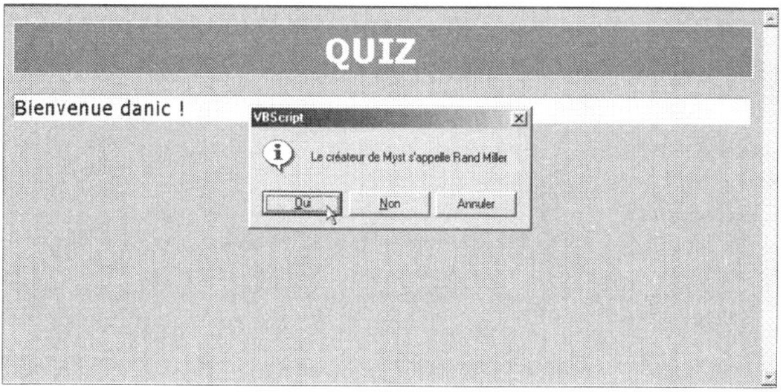

Affichage de la première question.

Chaque question du quiz est une affirmation et l'utilisateur n'a que deux réponses possibles "Oui" ou "Non". Il peut également quitter le quiz à tout moment en cliquant sur "Annuler".

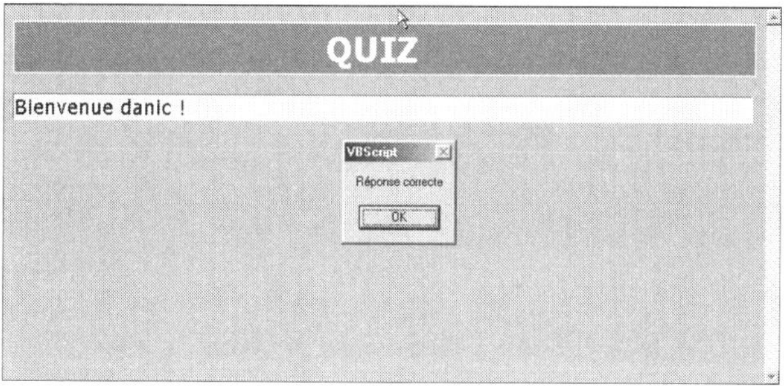

Si l'utilisateur a répondu correctement, un message le lui indique.

Pour tester la réponse de l'utilisateur, la variable correspondant à la fonction **MsgBox** est comparée avec une valeur. En la matière, un clic sur Oui renvoie la valeur 6 ou **VbYes** tandis que Non renvoie la valeur 7 (**VbNo**). Un clic sur Annuler renvoie la valeur 2 (**VbCancel**). Si l'utilisateur a bien répondu, le script incrémente une variable *points*.

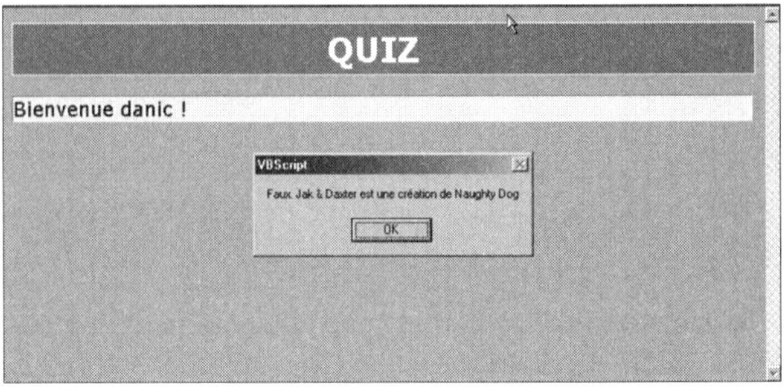

En cas de mauvaise réponse, la réponse correcte est affichée.

En fonction de la réponse de l'utilisateur, il voit apparaître une fenêtre de dialogue simple indiquant s'il a répondu correctement, ou bien encore, quelle était la réponse juste.

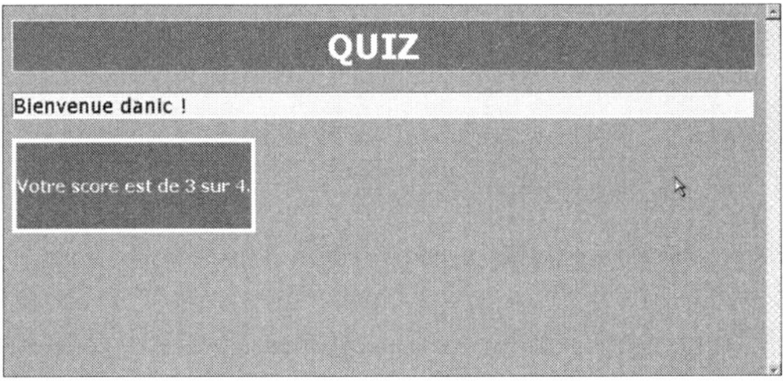

A la fin du quiz, l'utilisateur voit s'afficher son score.

Une fois que le quiz est terminé, et si le visiteur du site est allé jusqu'au bout, il voit apparaître son score.

Voici le code de cette application.

```
<HTML>

<HEAD>
<TITLE></TITLE>
<LINK REL="stylesheet" HREF="style.css">

<SCRIPT LANGUAGE="VBScript">
Public Message
Public Points
Public fin
Points = 0
fin =""

Sub premiere()
        Message = MsgBox("Le créateur de Myst s'appelle
        Rand Miller", 67)
        if Message = vbYes then
                points = points + 1
                MsgBox("Réponse correcte")
  elseif Message = vbCancel then
                fin = "oui"
        end if
End Sub

Sub deuxieme()
        Message = MsgBox("Jak & Daxter est une création de
        Rare Entertainment", 67)
```

```
        if Message = vbNo then
                points = points + 1
                MsgBox("Réponse correcte")
        elseif Message = vbYes then
        MsgBox("Faux. Jak & Daxter est une création de
        Naughty Dog")
  elseif Message = vbCancel then
                fin = "oui"
        end if
End Sub

Sub troisieme()
        Message = MsgBox("Sim City a été développé par
        Nintendo.", 67)
        if Message = vbNo then
                points = points + 1
                MsgBox("Réponse correcte")
        elseif Message = vbYes then
        MsgBox("Faux. Sim City a été développé par Will
        Wright de Maxis.")
  elseif Message = vbCancel then
                fin = "oui"
        end if
End Sub

Sub quatrieme()
        Message = MsgBox("Le nouvel épisode des aventures
        de Abe ne sort que sur la X-Box", 67)
        if Message = vbYes then
                points = points + 1
                MsgBox("Réponse correcte")
```

```
  elseif Message = vbCancel then
                    fin = "oui"
         end if
End Sub


</SCRIPT>


</HEAD>

<BODY>
<H1>QUIZZ</H1>
<P>
<SCRIPT LANGUAGE="VBScript">
' message invitant l'utilisateur à s'identifier
Nom = InputBox("Veuillez indiquer un nom, SVP")
if Nom <> "" then
         document.Write("Bienvenue " & Nom & " !")
end if

question = MsgBox ("Désirez-vous participer à un quiz sur les
jeux vidéo ?", 67)
'        Premiere question
if question = vbYes then
         premiere()
else
         fin = "oui"
end if
' autres questions
if fin <> "oui" then
         deuxieme()
```

```
end if
if fin <> "oui" then
        troisieme()
end if
if fin <> "oui" then
        quatrieme()
end if
' Score final
if fin <> "oui" then
        document.Write("<H2>Votre score est de " & points &
        " sur 4.</H2>")
end if
</SCRIPT>

</BODY>

</HTML>
```

Test de la validité d'une adresse E-mail

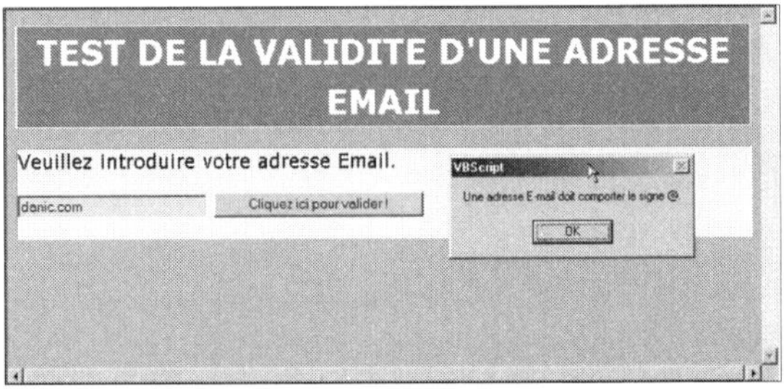

L'application détecte toute anomalie de forme dans l'adresse E-mail.

Sur un site Web, il est fréquent d'avoir à demander à l'utilisateur d'introduire une adresse E-mail. A défaut de pouvoir tester immédiatement si celle-ci existe, il est possible d'opérer un test de validité. L'adresse doit au moins comporter les signes "@" et ".". La présente application effectue toute une série de tests afin de déterminer si la date introduite par l'utilisateur est cohérente.

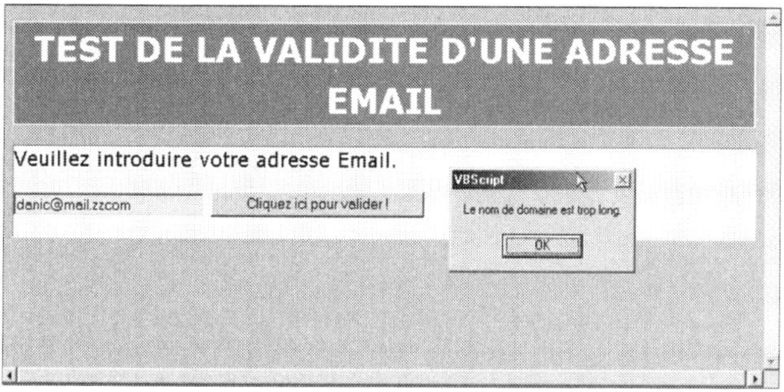

Si le nom de domaine dépasse 4 caractères, un message d'erreur approprié est renvoyé.

La présente application s'efforce de tester le plus grand nombre possible d'anomalies et de renvoyer à chaque fois un message approprié. Les situations d'erreur prises en compte sont les suivantes :

- absence du signe "@",
- absence du signe ".",
- un seul caractère avant le signe "@",
- le signe "." est situé avant le signe "@",
- un seul caractère entre le signe "@" et le signe ".",
- le nom de domaine est trop court (un seul caractère),

- le nom de domaine est trop long (plus de 4 caractères).

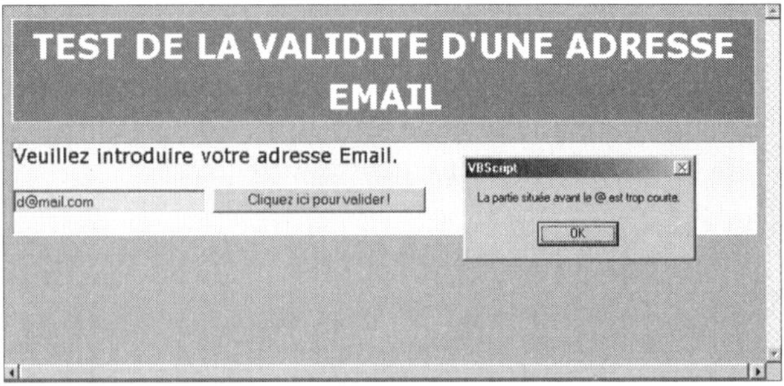

Les données introduites par l'utilisateur sont récupérées au moyen d'un formulaire.

Pour récupérer l'information introduite par l'utilisateur, nous aurions pu utiliser l'instruction **InputBox**. Nous avons plutôt utilisé un formulaire et mis à contribution une propriété du DHTML - Dynamic HTML - explicitée en détail dans le chapitre suivant. Pour l'heure, il nous suffit de savoir que le fait de donner un nom au formulaire (*formulaire*) et un nom à la donnée (*email*), permet de la récupérer par le biais d'une instruction telle que :

adresse = document.formulaire.email.value

De même, lorsque l'utilisateur clique sur le bouton du formulaire, il enclenche la procédure VBScript *teste_adresse*, grâce à l'instruction HTML suivante :

<INPUT TYPE="Submit" onClick="teste_adresse()>

Ce mécanisme est expliqué en détail au cours du chapitre suivant : "Objets, propriétés et méthodes", dans la section Formulaire et la sous-section Zone de texte.

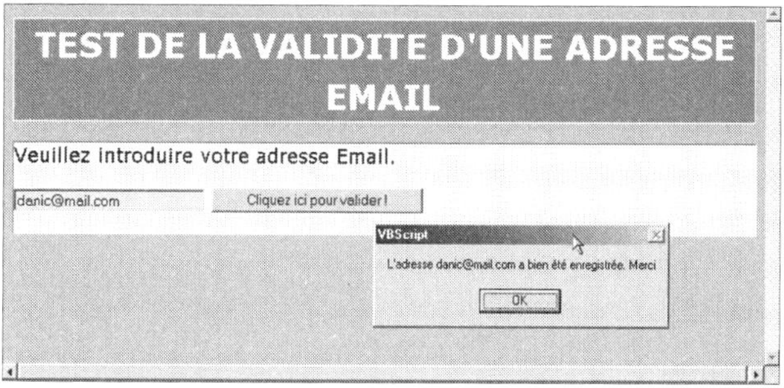

Si l'adresse E-mail est jugée valide, un message en informe l'utilisateur.

Deux fonctions de chaîne sont mises à profit dans cette application :

- **InStr** qui repère la première occurrence d'une chaîne dans une autre. Si l'occurrence n'est pas trouvée, la fonction renvoie la valeur 0. Cette fonction permet de déterminer la position des signes "@" et "." dans l'adresse tapée par l'utilisateur.
- **Len** qui donne le nombre de caractères d'une chaîne, et nous informe de la longueur de l'adresse tapée par l'utilisateur.

Le code de l'application est le suivant :

```
<HTML>
<HEAD>
<LINK REL="stylesheet" HREF="style.css">

<SCRIPT LANGUAGE=Vbscript>
Sub teste_adresse()
```

```
        adresse = document.formulaire.email.value
        arobase  = InStr(adresse, "@")
        ' position de "@"
        point      = InStr(adresse, ".")                          '
        position du "."
        fin                      = Len(adresse)
        ' position du dernier caractère
        if arobase = 0 then
        MsgBox("Une adresse E-mail doit comporter le signe
        @.")
        elseif point = 0 then
        MsgBox("Une adresse E-mail doit comporter un point.")
        elseif arobase <=2 then
        MsgBox("La partie située avant le @ est trop courte.")
        elseif point - arobase < 0 then
        MsgBox("Le signe @ doit être situé avant le point.")
        elseif point - arobase < 2 then
          MsgBox("La partie située entre le @ et le . est trop
        courte.")
        elseif fin - point > 4 then
                MsgBox("Le nom de domaine est trop long.")
        elseif fin - point < 2 then
                MsgBox("Le nom de domaine est trop
court.")
        else
                MsgBox("L'adresse " & adresse & " a bien
                été enregistrée. Merci")
        end if
End Sub
</SCRIPT>
</HEAD>
```

```
<BODY>
<H1>TEST DE LA VALIDITE D'UNE ADRESSE EMAIL</H1>
<P>
Veuillez introduire votre adresse Email.
<FORM NAME="formulaire">
<INPUT TYPE="TEXT" ID="email" SIZE=25>
<INPUT TYPE="Submit" onClick="teste_adresse()"
VALUE="Cliquez ici pour valider !">
</FORM>


</BODY>
</HTML>
```

Au cours du chapitre suivant, nous allons étudier ce qu'est le DHTML et les mécanismes qui rendent une telle interaction - récupération et traitement d'une information ou d'une action de l'utilisateur - possible.

4 - 4 Objets, propriétés et méthodes

Vers 1996, lorsque la bataille était intense entre Netscape et Microsoft afin de faire évoluer le Web, Microsoft a pris une initiative très importante, en définissant le DHTML ou Dynamic HTML.

Jusqu'à cette époque, le HTML était un simple langage de description de pages. Le développeur créait des paragraphes, des images, des titres, des formulaires... De tels éléments étaient "statiques", ce qui signifie qu'une fois affichés sur l'écran de l'internaute, ils ne pouvaient changer de forme, de contenu, de couleur, etc. De façon plus générale, l'interaction entre l'internaute et la page était limitée.

Microsoft, en s'appuyant sur la logique de langages tels que Visual Basic, a introduit l'idée d'un HTML Dynamique. Une fois qu'un élément aurait été créé, comme par exemple un paragraphe au moyen de la balise <P>, cet élément deviendrait un objet.

Un objet, dans le sens de la programmation, est une entité à part entière. Ces objets vont être dynamiques, ce qui signifie qu'ils vont pouvoir réagir à des événéments.

Objets : propriétés, et événements

Qu'est-ce qu'un objet ? Une entité que l'on peut distinguer d'une autre. En tant que telle, elle a des propriétés (ce qui la caractérise) et des méthodes (ce qu'elle peut accomplir).

Si nous tentons une analogie avec le monde réel, une voiture considérée en tant qu'objet aurait des propriétés qu'elle partage avec toutes les autres voitures (un volant, quatre roues, deux sièges sur l'avant, deux portes avant, un coffre, une marque, un modèle, etc.) et aussi des propriétés qui lui sont propres : un numéro d'immatriculation, une couleur externe. Un grand nombre de ces propriétés sont elles-mêmes des objets. Une roue est un objet qui a des propriétés telles qu'une taille, une marque, etc. Par ailleurs, la voiture aurait une "méthode", l'action qu'elle peut effectuer étant de se déplacer d'un point à un autre. Enfin, elle réagirait à des "événements" tels que le fait d'actionner une clé de contact.

D'autres objets pourraient être caractérisés par leurs propriétés, comme par exemple, un mur ou un plafond. La différence, c'est que de tels objets n'auraient pas de méthodes et d'événements associés.

Avec le DHTML, chaque élément d'une page est considéré selon une même logique, et cela implique des propriétés (qui peuvent être des objets), la possibilité de réagir à des événements et parfois aussi une méthode associée.

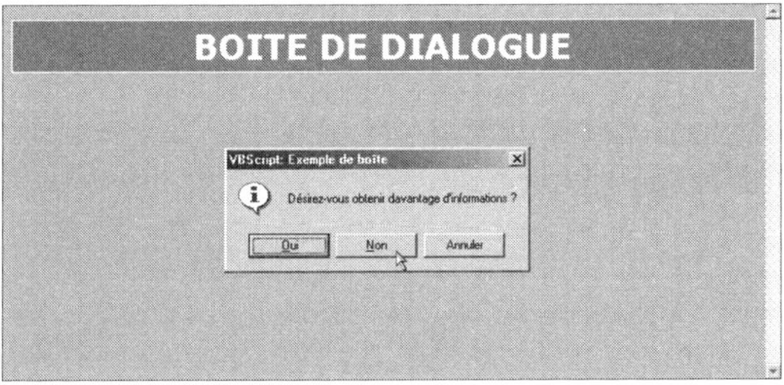

Un objet typique d'une page : une boîte de dialogue avec ses boutons.

L'exemple le plus flagrant d'un tel objet est la fenêtre de dialogue que l'on peut faire apparaître au moyen de la commande **MsgBox** de VBScript. Cette fenêtre a des propriétés (une taille, une position à l'écran, un titre, un message d'information, une icône particulière, des boutons...). L'affichage de la boîte de dialogue est effectué au moyen de **MsgBox** qui est une méthode liée à cet objet. Enfin, cet objet va réagir à des événements. L'utilisateur, dans le cas de la boîte de dialogue, va cliquer sur l'un des trois boutons affichés par la boîte de dialogue ("Oui",

"Non", "Annuler"). En fonction de cet événement, une valeur sera renvoyée au programme.

Une hiérarchie d'objets

Avec DHTML, tous les éléments d'une page, quels qu'ils soient, sont composés d'objets analogues à celui qui vient d'être décrit. Et ces objets forment une hiérarchie.

L'objet Windows

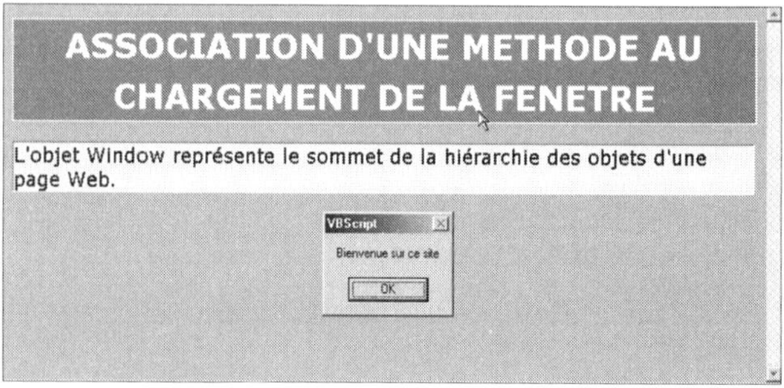

Une méthode (affichage d'une boîte de dialogue) est associée à l'événement "chargement de la page" de l'objet window - la fenêtre du navigateur.

Au sommet de la hiérarchie se trouve l'objet **window.** Il s'agit de la fenêtre du navigateur, celle qui accueille les pages Web, et donc, par conséquent, celle de Internet Explorer. **Window** se situant au niveau le plus élevé, il englobe tous les objets sous-jacents : le document représentant la page Web, ses éléments, etc.

Cet objet **window** a des propriétés, des méthodes et des événements. Le script qui suit associe une méthode (affichage d'une boîte de dialogue) à l'événement "chargement de la page" (**onload**). Pour que VBScript puisse prendre en charge un tel événement, nous utilisons l'instruction **Set** suivie de l'événement **window.onload** et l'associons à une action particulière - ici l'affichage d'une boîte de dialogue, défini dans une procédure. Le code est le suivant :

```
<HTML>

<HEAD>
<LINK REL="stylesheet" HREF="style.css">
<SCRIPT LANGUAGE="VBScript">
Sub Dialogue()
        Fenetre = "Bienvenue sur ce site"
        MsgBox Fenetre
End Sub
</SCRIPT>
</HEAD>

<BODY>
<SCRIPT LANGUAGE="VBScript">
Set Window.Onload = GetRef("Dialogue")
</SCRIPT>

<H1>ASSOCIATION D'UNE METHODE AU CHARGEMENT DE LA
FENETRE</H1>
<P>
L'objet Window représente le sommet de la hiérarchie des
objets d'une page Web.
```

```
</BODY>
</HTML>
```

L'instruction Set Window.Onload provoque l'exécution de la procédure Dialogue(), grâce à la fonction GetRef. Chaque fois que la page est chargée, la boîte de dialogue est affichée. Vous pouvez le vérifier en affichant une telle page sous un navigateur Web et en cliquant sur le bouton Rafraîchir.

L'objet Document

Juste au-dessous de l'objet window, nous trouvons l'objet document qui, pour sa part, fait référence à la page Web en cours.

Un document a de nombreuses propriétés : couleur de premier plan, couleur de fond, titre, etc. A cela s'ajoutent tous les objets qu'il contient. Ces propriétés sont accessibles par le biais d'objets nommés ainsi :

- **document.fgcolor** (couleur de premier plan),
- **document.bgcolor** (couleur de fond),
- **document.title** (titre du document), soit la mention indiquée entre les balises <TITLE> et </TITLE> dans l'en-tête de la page.
- **document.location** (emplacement du document sur le disque dur),
- etc.

Si l'on prend en compte la hiérarchie complète des objets, il faudrait normalement écrire **window.document.fgcolor**, **window.document.bgcolor**, etc. Mais comme l'objet **window** est implicite, il n'est pas obligatoire de l'indiquer.

L'une des méthodes propres à un document est l'affichage d'éléments sur la page. Nous l'avons déjà utilisée souvent, il s'agit de l'instruction **document.write**.

Nous mettons à profit cette méthode pour afficher les propriétés d'une page Web dans le script ci-dessous.

Affichage des propriétés du document.

```
<HTML>
<HEAD>
<TITLE>Page illustrant les propriétés de l'objet
Document</TITLE>
<LINK REL="stylesheet" HREF="style.css">
</HEAD>

<BODY>
<H1>PROPRIETES DE L'OBJET DOCUMENT</H1>
<SCRIPT LANGUAGE="VBScript">
titre=document.title
```

```
document.Write("<P>" & "Titre du document :<B>" & titre &
"</B>")
adresse=document.location
document.Write("<P>" & "Emplacement document :<B>" &
adresse & "</B>")
dernier=document.lastmodified
document.Write("<P>" & "Dernière modification :<B>" & dernier
& "</B>")
couleur = document.fgColor
document.Write("<P>" & "Couleur des caractères :<B>" & cou-
leur & "</B>")
fond = document.bgColor
document.Write("<P>" & "Couleur de fond :<B>" & fond &
"</B>")
</SCRIPT>

</BODY>
</HTML>
```

Avec un langage de script tel que le VBScript, il est possible de consulter les propriétés des objets mais aussi de les modifier. C'est ce que nous faisons dans l'exemple situé au paragraphe ci-dessous en modifiant la couleur de fond du document selon le lien sur lequel pointe la souris. Nous utilisons pour cela la propriété document.bgColor et lui attribuons une valeur depuis un script VBScript, comme par exemple :

document.bgColor = “White”

Liens d'un document

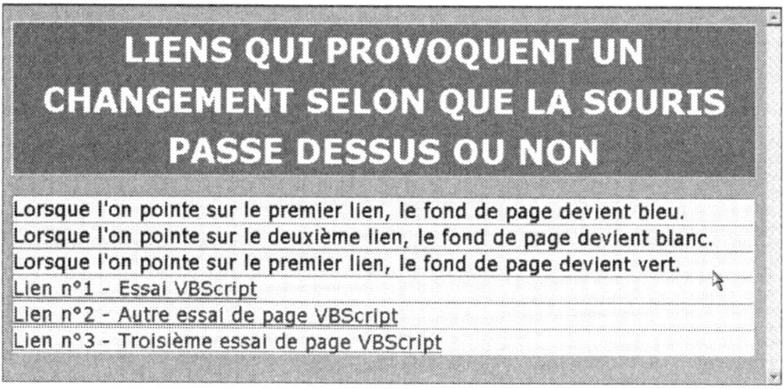

Lorsque le curseur de la souris ne repose pas sur un lien de cette page, le fond s'affiche en cyan.

Un document HTML peut contenir toutes sortes d'objets : paragraphes, images, formulaires... Les liens hypertexte ont ceci de particulier qu'ils sont par essence des zones actives du document. Lorsque l'utilisateur clique dessus, ils provoquent généralement le chargement d'un autre document. Ce sont donc, dès le départ, des éléments particuliers d'une page, qui, par essence, sont en attente d'un événement. Avec le DHTML, ils le deviennent plus encore, car il est alors possible de leur associer des méthodes selon que le curseur passe sur le lien ou que l'utilisateur clique dessus.

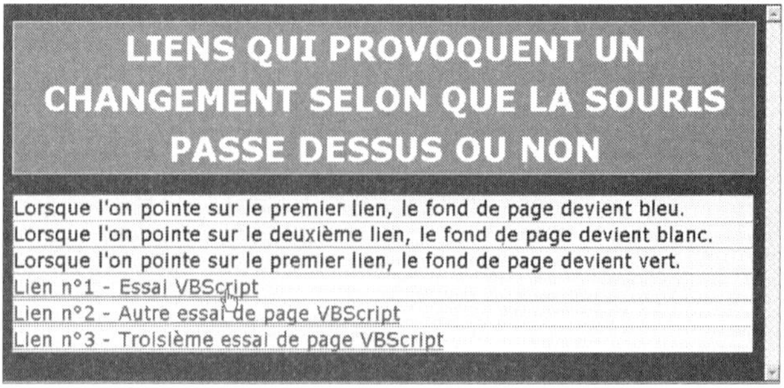

Lorsque le curseur de la souris pointe sur le premier lien, le fond de la page devient bleu.

Le DHTML permet d'effectuer un lien entre un objet d'une page et un événement de la souris grâce à deux mécanismes. Le premier réside dans la possibilité, sous DHTML d'affecter un nom à une variable. Pour ce faire, il faut indiquer le paramètre ID dans la balise suivi d'un nom. Ce nom pourra ensuite être repris dans une procédure VBScript. Le second mécanisme entre en œuvre ici. Il est possible d'associer à un nom d'objet le paramètre **_OnMouseOver** (indiquant que la souris pointe sur un élément), le paramètre **_OnMouseOut** (indiquant que la souris ne pointe plus sur un lien) et aussi le paramètre **_OnClick** (indiquant que l'utilisateur a cliqué sur le lien).

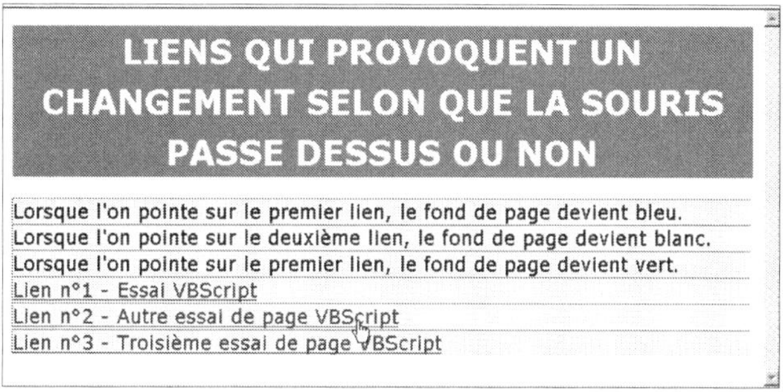

Lorsque le curseur de la souris pointe sur le deuxième lien, le fond de page devient blanc.

Si l'on nomme un objet lien hypertexte, avec un nom tel que *lien*, il devient ainsi possible de créer une procédure **lien_OnMouseOver**, une procédure **lien_OnMouseOut**, une procédure **lien_OnClick.** Si nous nommons le lien suivant *lien2*, il est alors possible de créer une procédure **lien2_OnMouseOver**, une procédure **lien2_OnMouse Out**, une procédure **lien2_OnClick** et ainsi de suite.

Dans l'exemple qui suit, nous utilisons cette sensibilité du DHTML pour changer le fond de la page chaque fois que le curseur de la souris pointe sur l'un des trois liens de la page. Selon le lien pointé, le fond devient bleu, blanc ou vert. Notons que, pour que cet exemple fonctionne, il ne faut pas que le fond de page soit défini dans la feuille de style utilisée, faute de quoi la spécification indiquée dans le fichier .css prédomine sur l'instruction **document.bgColor**. Adaptez donc la feuille de style utilisée de manière à supprimer toute commande **background** qui figurerait dans la rubrique **body**.

```
<HTML>

<HEAD>
<TITLE></TITLE>
<LINK REL="stylesheet" HREF="style2.css">
<SCRIPT LANGUAGE="vbscript">
Sub lien_OnMouseOver()
        document.bgColor = "Blue"
End Sub
Sub lien_OnMouseOut()
        document.bgColor = "#99CCFF"
End Sub
Sub lien2_OnMouseOver()
        document.bgColor = "White"
End Sub
Sub lien2_OnMouseOut()
        document.bgColor = "#99CCFF"
End Sub
Sub lien3_OnMouseOver()
        document.bgColor = "Green"
End Sub
Sub lien3_OnMouseOut()
        document.bgColor = "#99CCFF"
End Sub
</SCRIPT>

</HEAD>

<BODY BGCOLOR="#99CCFF">
<H1>LIENS QUI PROVOQUENT UN CHANGEMENT SELON QUE
```

```
LA SOURIS PASSE DESSUS OU NON</H1>
<P>Lorsque l'on pointe sur le premier lien, le fond de page
devient bleu.
<P>Lorsque l'on pointe sur le deuxième lien, le fond de page
devient blanc.
<P>Lorsque l'on pointe sur le premier lien, le fond de page
devient vert.
<P><A HREF="essai.htm" ID="lien">Lien n°1 - Essai
VBScript</A>
<P><A HREF="essai2.htm" ID="lien2">Lien n°2 - Autre essai de
page VBScript</A>
<P><A HREF="essai3.htm" ID="lien3">Lien n°3 - Troisième essai
de page VBScript</A>
</BODY>

</HTML>
```

Images d'un document : effet de rollover

Il est possible d'appliquer les méthodes liées au passage de la souris sur un objet à d'autres éléments qu'un lien. Si vous voulez en avoir le cœur net, vous pouvez modifier le script précédent en attribuant les noms d'objets *lien, lien2, lien3* aux paragraphes plutôt qu'aux liens :

- <P ID="lien">Lorsque l'on pointe sur le premier lien, le fond de page devient bleu.
- <P ID="lien2">Lorsque l'on pointe sur le deuxième lien, le fond de page devient blanc.
- <P ID="lien3">Lorsque l'on pointe sur le premier lien, le fond de page devient vert.

- <P><A HREF="essai.htm">Lien n°1 - Essai VBScript</A>
- <P><A HREF="essai2.htm">Lien n°2 - Autre essai de page VBScript</A>
- <P><A HREF="essai3.htm">Lien n°3 - Troisième essai de page VBScript</A>

Dans ce cas de figure, c'est lorsque la souris pointe sur l'un des trois premiers paragraphes donnés que le fond de page change. Vous le comprenez donc, DHTML traite n'importe quel élément d'une page Web comme un objet, qu'il ait ou non une vocation interactive.

Tant que la souris ne pointe pas sur l'image, elle apparaît en mode normal.

L'un des effets couramment utilisés en la matière s'appelle le "rollover". Il consiste à afficher une image donnée. Lorsque le curseur de la souris passe sur cette image, une autre image est affichée.

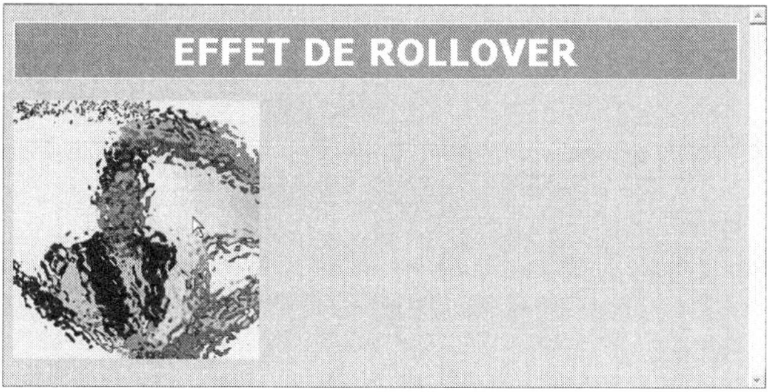

Lorsque le curseur de la souris passe sur l'image, une autre image apparaît.

Nous mettons en pratique un effet de rollover dans l'exemple qui suit et poussons le raffinement jusqu'à afficher une troisième image si l'utilisateur clique sur l'image. Pour réaliser cet exemple, choisissez trois images présentes sur votre disque dur et indiquez leur référence à la place des images utilisées ici.

Si l'utilisateur clique sur l'image, c'est une troisième image qui est affichée.

```
<HTML>

<HEAD>
<LINK REL="stylesheet" HREF="style.css">
<SCRIPT LANGUAGE="vbscript">
Sub photo_OnMouseOver()
        photo.src = "daniel2.gif"
End Sub
Sub photo_OnMouseOut()
        photo.src = "danbleu.gif"
End Sub
Sub photo_OnClick()
        photo.src = "daniel.gif"
End Sub
</SCRIPT>
</HEAD>

<BODY>
<H1>EFFET DE ROLLOVER</H1>
<IMG SRC="danbleu.gif" ID="photo">
</BODY>

</HTML>
```

Formulaires

Les formulaires sont un type d'objet particulièrement important d'une page DHTML. En effet, les formulaires représentent l'outil principal d'échange d'information avec le serveur. En HTML pur, les données frappées ou choisies par l'utilisateur peuvent être récupérées et envoyées par E-mail au responsable du site. Mais dès lors que l'on associe du VBScript - ou un autre langage de ce type - au DHTML, il devient possible de traiter les informations entrées par l'utilisateur.

L'objet formulaire est répertorié par le nom form (document.form) et ses propriétés peuvent elles-mêmes être consultées. Ainsi, **checkbox** va pouvoir indiquer l'état d'une case à cocher, **radio** l'état d'un bouton radio... Il devient donc possible de programmer des applications interactives, avec un contenu adapté aux réponses de l'utilisateur.

Comment cela se passe dans la pratique ? Là encore, avec le mot-clé **ID** qui permet de nommer un objet. A partir du moment où nous nommons un élément susceptible de recevoir un clic, nous pouvons lui associer une procédure avec l'extension **_OnClick**. Nous allons le mettre en pratique sur plusieurs types de formulaires.

Case à cocher

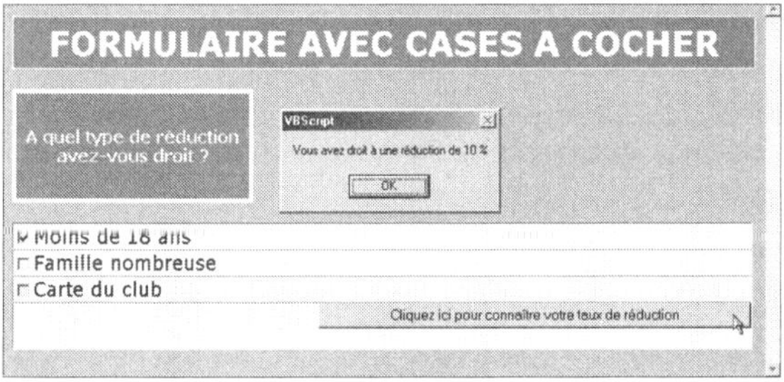

Si l'internaute valide une case de ce formulaire, un script VBScript lui renvoie son taux de réduction.

Lorsqu'un formulaire comporte des cases à cocher, l'utilisateur peut en valider plusieurs. Dans l'exemple qui suit, nous associons une procédure à chacune de ces cases. L'application suppose que l'utilisateur peut prétendre à trois types de réductions et que celles-ci sont cumulatives.

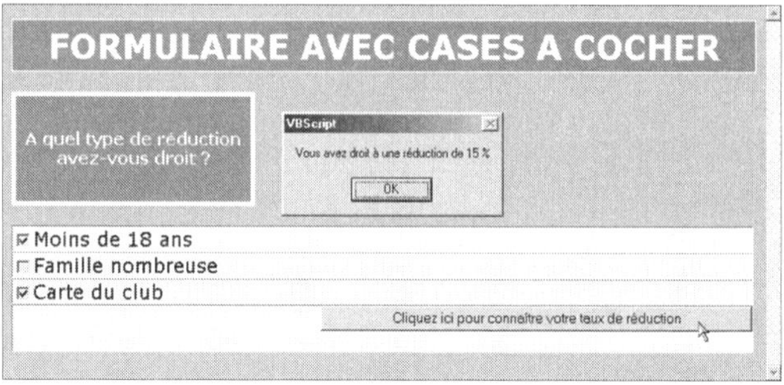

Si le visiteur du site valide deux cases, les deux réductions correspondantes sont cumulées.

Lorsque l'utilisateur clique sur l'une des cases à cocher (appelées ici *coche1*, *coche2*, *coche3*), la procédure correspondante (**coche1_onclick()**, **coche2_onclick()**...) ajoute une valeur dans une variable correspondant au taux de réduction (*reduc*). Puis, lorsqu'il clique sur le bouton **Submit** du formulaire, une autre procédure affiche la valeur de cette variable.

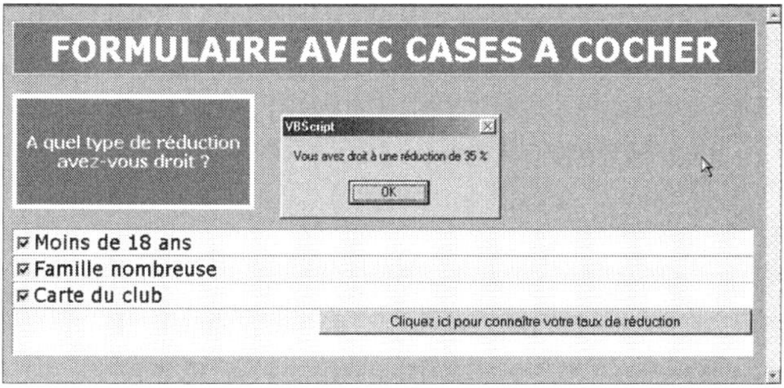

Cas d'un utilisateur ayant validé les trois coches : il a droit à un taux de réduction maximal.

Le code de cette application est le suivant :

```
<HTML>

<HEAD>
<TITLE></TITLE>
<LINK REL="stylesheet" HREF="style.css">

<SCRIPT LANGUAGE="VBScript">
Public Reduc
Reduc = 0
Sub coche1_OnClick()
			Reduc = Reduc + 10
End Sub
Sub coche2_OnClick()
			Reduc = Reduc + 20
End Sub
Sub coche3_OnClick()
```

```
                    Reduc = Reduc + 5
End Sub
Sub resultat_OnClick()
        MsgBox("Vous avez droit à une réduction de " & Reduc
& " %")
End Sub
</SCRIPT>


</HEAD>

<BODY>
<H1>FORMULAIRE AVEC CASES A COCHER</H1>
<H2>A quel type de réduction avez-vous droit ?</H2>
<P>
<FORM>
        <INPUT TYPE=checkbox ID="coche1">Moins de 18 ans
<P><INPUT TYPE=checkbox ID="coche2">Famille nombreuse
<P><INPUT TYPE=checkbox ID="coche3">Carte du club
<P ALIGN=RIGHT>
<INPUT TYPE=submit VALUE="Cliquez ici pour connaître votre
taux de réduction" ID="resultat">

</FORM>
</BODY>

</HTML>
```

Boutons radio

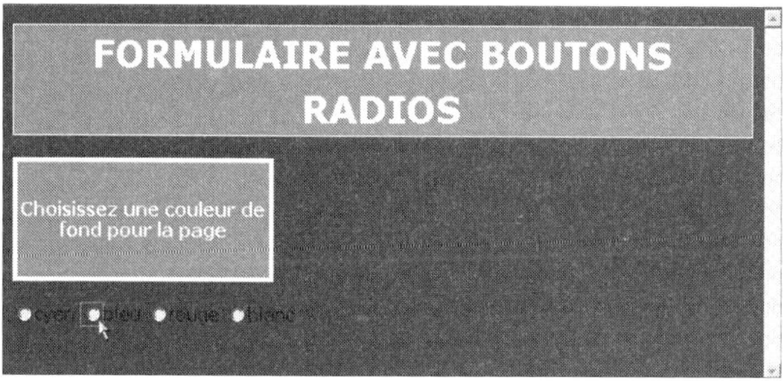

Dans cette application, l'utilisateur choisit la couleur du fond de page en cliquant sur un bouton radio.

Dans le cas de boutons radio, un seul bouton peut être actif - le fait d'en valider un exclut les autres. Mais pour le reste, le traitement est similaire : il suffit d'associer une procédure au nom défini avec **ID**. Dans la présente application, selon le bouton radio choisi par l'utilisateur, le fond de page change de couleur.

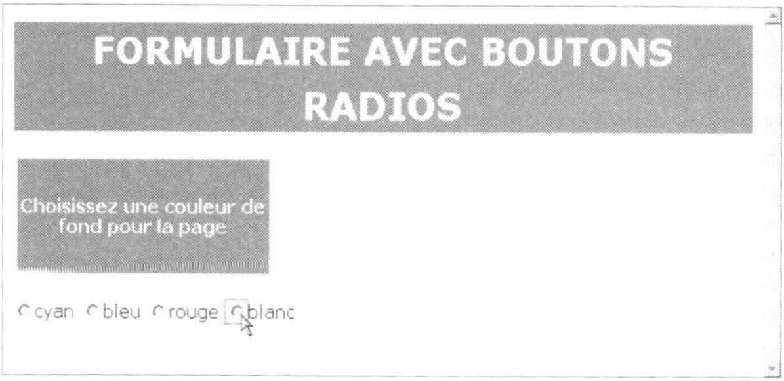

Un clic sur un autre bouton radio modifie instantanément la couleur de fond.

Le code de cette application suit une même logique que la précédente. Pour qu'elle fonctionne, il faut toutefois ne pas définir la couleur de fond dans la feuille de style associée - il faut donc enlever une éventuelle commande **background** qui serait située dans la rubrique **body** du fichier .css.

```
<HTML>

<HEAD>
<TITLE></TITLE>
<LINK REL="stylesheet" HREF="style2.css">
<SCRIPT LANGUAGE="VBScript">
Sub Cyan_OnClick()
        document.bgColor="#99CCFF"
End Sub
Sub Bleu_OnClick()
        document.bgColor="Blue"
End Sub
Sub Rouge_OnClick()
        document.bgColor="Red"
End Sub
Sub Blanc_OnClick()
        document.bgColor="White"
End Sub
</SCRIPT>
</HEAD>

<BODY>
<H1>FORMULAIRE AVEC BOUTONS RADIO</H1>
<H2>Choisissez une couleur de fond pour la page</H2>
```

```
<FORM>
<INPUT TYPE="radio" ID="cyan">cyan
<INPUT TYPE="radio" ID="bleu" VALUE="bleu">bleu
<INPUT TYPE="radio" ID="rouge">rouge
<INPUT TYPE="radio" ID="blanc">blanc
</FORM>
</BODY>
</HTML>
```

Boutons à cliquer

Le même exemple avec des boutons classiques.

Nous pouvons adapter l'exemple présenté ci-dessus en remplaçant les boutons radio par des boutons classiques :

```
<BODY>
<H1>FORMULAIRE AVEC BOUTONS A CLIQUER</H1>
<H2>Choisissez une couleur de fond pour la page</H2>
<FORM>
```

```
<INPUT TYPE="button" ID="cyan" VALUE="cyan">
<INPUT TYPE="button" ID="bleu" VALUE="bleu">
<INPUT TYPE="button" ID="rouge" VALUE="rouge">
<INPUT TYPE="button" ID="blanc" VALUE="blanc">
</FORM>

</BODY>
```

Zone de texte

Affichage de ce que l'utilisateur a frappé dans une boîte de dialogue.

Dans le cas d'un formulaire avec des zones de texte, il est possible, en indiquant le nom des objets, de récupérer ce que l'utilisateur a très exactement frappé afin d'effectuer un traitement. Il est possible de réaliser des applications hautement interactives à partir d'une telle capacité.

L'application qui suit comporte un objet zone de texte que nous baptisons *box* (avec ID) tandis que le formulaire lui-même porte le nom *question*. Il est possible avec VBScript de récupérer la valeur d'un tel objet en indiquant la séquence : *document.question.box.value.* Voici le code utilisé :

```
<HTML>

<HEAD>
<TITLE></TITLE>
<LINK REL="stylesheet" HREF="style.css">
<SCRIPT LANGUAGE="VBScript">
Sub envoi_onClick()
        a = document.question.box.value
        MsgBox("Vous avez tapé " & a)
End Sub
</SCRIPT>

</HEAD>

<BODY>
<H1>RECUPERATION DU TEXTE INTRODUIT PAR L'UTILISA-
TEUR</H1>
<P>Le script récupère le contenu de la zone de texte et
l'affiche dans une boîte
de dialogue.
<FORM NAME="question">
<INPUT TYPE=text VALUE="oui" ID="box" SIZE=15>
<INPUT TYPE=submit ID="envoi" VALUE="cliquez ici !">


</BODY>

</HTML>
```

Nous avons vu ici les notions essentielles du DHTML en relation avec le VBScript et elles ouvrent la voie à des applications permettant un dialogue avec l'utilisateur. Rappelons ce que nous avons vu ici :

- la page Web peut être vue comme un ensemble d'objets, des objets ayant des propriétés.
- Les objets composant une page Web et leurs propriétés peuvent être consultés et modifiés par des instructions VBScript.
- Certains objets sont dotés de méthodes - d'actions qui leur sont associées.
- Les objets peuvent réagir à des événements tels que le passage de la souris sur un bouton.

4 - 5 Fichiers texte

Avec VBScript, il est possible de gérer aisément des fichiers texte externes à l'application HTML. Vous pouvez utiliser de tels fichiers pour stocker des renseignements sur les visiteurs du site, des listes d'articles, des actualités... Il s'agit d'une capacité intéressante car les auteurs qui contribuent à faire évoluer votre site au niveau contenu peuvent se contenter d'envoyer de simples fichiers texte qui seront affichés à l'aide d'un script VBScript.

Si vous devez gérer de très gros volumes de données et opérer des croisements ou analyses complexes de celles-ci, l'idéal consiste à s'appuyer sur une base de données telle qu'Access ou SQL Server. Mais dans le contexte de petits traitements, il est totalement possible d'opérer à partir de fichiers texte.

Gestion d'un fichier

La gestion d'un fichier avec VBSCRIPT nécessite quatre types d'opérations : création d'un objet, ouverture, traitement (lecture / écriture / ajout), fermeture.

Création d'un objet

Avant de pouvoir traiter un fichier texte, il faut définir un objet qui pourra être reconnu comme tel par le navigateur. L'instruction utilisée est CreateObject. La syntaxe est la suivante :

```
CreateObject(nom_du_serveur.type_objet [, emplacement_ serveur])
```

nom_du_serveur désigne l'application qui crée l'objet. En l'occurrence, il s'agit du langage de script lui-même et le mot-clé est Scripting. Le type d'objet étant un fichier, le mot-clé à utiliser est FileSystemObject. L'indication d'un serveur est importante, car si vous ne l'indiquez pas, le script cherchera un fichier sur le disque dur de l'utilisateur - quitte à créer celui-ci. Bien évidemment, la possibilité de manipuler des fichiers sur un ordinateur distant n'est pas tolérée par Internet Explorer - tout au moins avec les réglages par défaut. L'utilisateur verra donc apparaître un message d'avertissement. Quoi qu'il en soit, les fichiers que vous désirez gérer sont ceux de l'application et vous souhaiterez probablement qu'ils résident sur le serveur d'accueil.

Aussi longtemps que vous testez l'application sur votre propre ordinateur, il n'est pas nécessaire d'indiquer l'emplacement du serveur. Mais dès lors que vous la téléchargez sur l'ordinateur d'un fournisseur d'accès, il faut impérativement indiquer une telle adresse (sous forme DNS ou IP, soit une suite de chiffres ou bien encore une adresse sur le serveur d'accueil). Pour plus de renseignements, contactez votre fournisseur d'accès afin qu'il vous donne la marche à suivre exacte.

```
Set fichier = CreateObject("Scripting.FileSystemObject")
Set fichier = CreateObject("Scripting.FileSystemObject",
"194.2.128.1")
```

Ouverture d'un fichier texte

L'ouverture d'un fichier texte est effectuée avec l'instruction OpenTextFile dont la syntaxe est la suivante :

objet.**OpenTextFile**(*nom_fichier*[, *mode*[, *créer*[, *format*]]])

objet correspond à l'objet créé avec la commande CreateObject.

nom_fichier est le nom du fichier texte.

mode peut prendre trois formes : **ForReading** (1 - lecture seule), **ForWriting** (2 - écriture seule), **ForAppending** (8 - écriture seule et à partir de la fin du fichier). Si l'on utilise ces mots-clés, il importe de les définir sous la forme de constantes avec l'instruction **Const** (voir exemple plus bas). Si aucun argument n'est indiqué, le fichier peut être utilisé aussi bien en lecture qu'en écriture.

créer est un booléen. S'il est égal à **True**, le fichier est automatiquement créé si jamais il n'existe pas.

Si *format* n'est pas indiqué, le fichier est traité par défaut comme de l'ASCII. Il n'est généralement pas nécessaire d'utiliser les autres types de format.

Voici un exemple d'ouverture de fichier :

```
Const ForReading = 1, ForWriting = 2, ForAppending = 8
Set fichier = CreateObject("Scripting.FileSystemObject")
Set news = fichier.OpenTextFile("c:\news.txt", ForReading, True)
```

Il est à noter que la commande **OpenTextFile** crée un objet de type "TextStream", soit un objet facilitant l'accès séquentiel à un fichier texte.

Traitement du fichier

Une fois qu'un fichier est ouvert, il est possible d'en lire le contenu ou d'écrire des informations dedans. Les instructions disponibles sont les suivantes :

- **read** lit un nombre de caractères spécifié,
- **readall** lit l'intégralité du fichier,
- **readline** lit une ligne du fichier,
- **write** écrit un nombre de caractères spécifié,
- **writeline** écrit une ligne dans le fichier,
- **writeblanklines** est un cas spécial et permet l'écriture de sauts de lignes dans le fichier.

Pour les besoins courants, **writeline** et **readline** sont les instructions les plus pratiques. Elles permettent de gérer un enregistrement à la fois.

Leur syntaxe est fort simple :

objet.**WriteLine(**[*chaine*]**)**

objet.**ReadLine**

VBScript gère plusieurs variables permettant de savoir où l'on se situe à l'intérieur d'un fichier. L'une d'elles est fort utile : **AtEndOfStream**. Lorsque l'on lit un fichier, tant que **AtEndOfStream** n'est pas égal à **True**, c'est que nous ne sommes pas parvenus à la fin du fichier.

Fermeture du fichier

La fermeture d'un fichier est tout aussi simple :

objet.Close

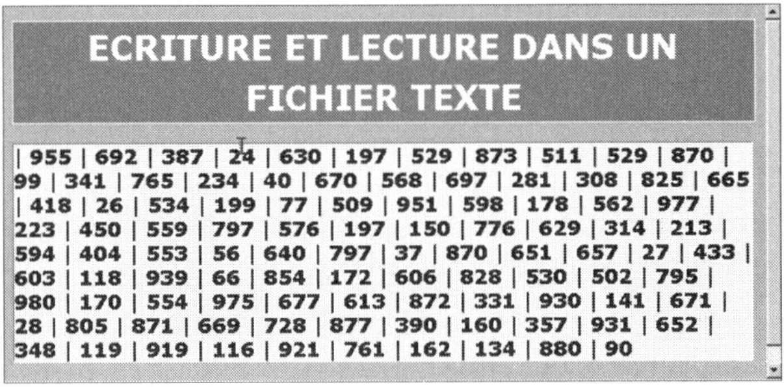

Ces nombres ont été générés de manière aléatoire puis écrits dans un fichier texte. Le contenu de ce fichier texte a ensuite été affiché à l'écran.

Appliquons ces commandes à une application simple. Celle-ci ouvre un fichier appelé *nombre.txt* en écriture et inscrit dedans une centaine de lignes contenant des nombres aléatoires entre 1 et 1000. Ce fichier est ensuite fermé puis rouvert en lecture et son contenu est alors lu et affiché sur la page Web :

```
<HTML>

<HEAD>
<TITLE></TITLE>
<LINK REL="stylesheet" HREF="style.css">
</HEAD>

<BODY>
<H1>ECRITURE ET LECTURE DANS UN FICHIER TEXTE</H1>
<P>
<SCRIPT LANGUAGE="VBScript">
Const ForReading = 1, ForWriting = 2, ForAppending = 8
Dim fichier, nombres
Set fichier = CreateObject("Scripting.FileSystemObject")
Set nombres = fichier.OpenTextFile("c:\nombres.txt",ForWriting,
True)
Randomize
' écriture de nombres aléatoires dans le fichier
for i = 1 to 100
        a = Int((1000) * Rnd + 1) ' nombre aleatoire
        chaine = CStr(a)
        nombres.WriteLine(chaine)
next

nombres.Close

Set nombres = fichier.OpenTextFile("c:\nombres.txt",ForReading)
' lecture du fichier
Do While nombres.AtEndOfStream <> True
   contenu = nombres.ReadLine
```

```
                    document.Write(" | ")
                    document.Write("<B>" & contenu & "</B>")
Loop

</SCRIPT>

</BODY>
</HTML>
```

Les autres fonctions intéressantes en matière de gestion de fichier sont les suivantes :

- **Line** indique le numéro de ligne dans lequel on se trouve dans la lecture ou l'écriture d'un fichier texte. Pour cette fonction comme pour les autres, il faut indiquer le nom de l'objet TextStream juste avant. Ainsi, dans l'exemple ci-dessus, nous écririons *nombres.Line* pour obtenir cette information.
- **AtEndofLine** renvoie **True** si le marqueur est situé juste après la fin d'une ligne.
- **Column** renvoie le numéro de colonne dans une ligne.
- **Skip** permet de sauter un certain nombre de caractères lors de la lecture d'un fichier.
- **SkipLine** permet de sauter une ligne.

Bien que les instructions utilisées pour la gestion de fichiers texte soient fort simples, elles n'en sont pas moins fort utiles. Il importe toutefois de se rappeler qu'il faudra indiquer l'adresse du serveur sur lequel réside l'application Web (dans l'instruction **CreateObject**) avant de télécharger celle-ci.

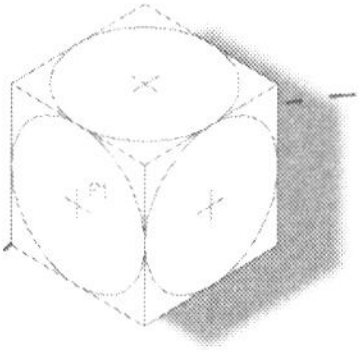

5. Applications VBScript

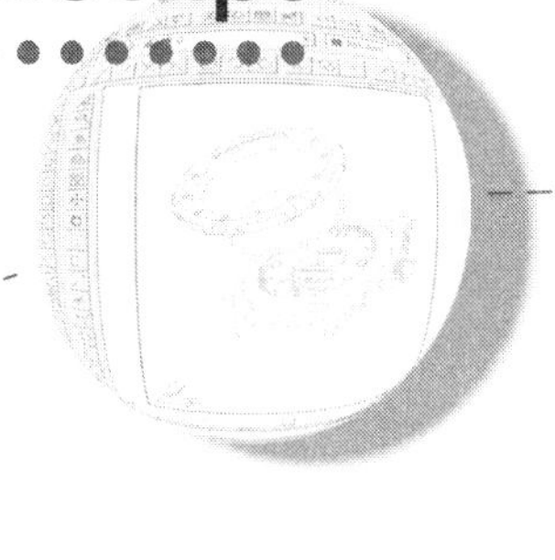

5 - 1 Citation du jour

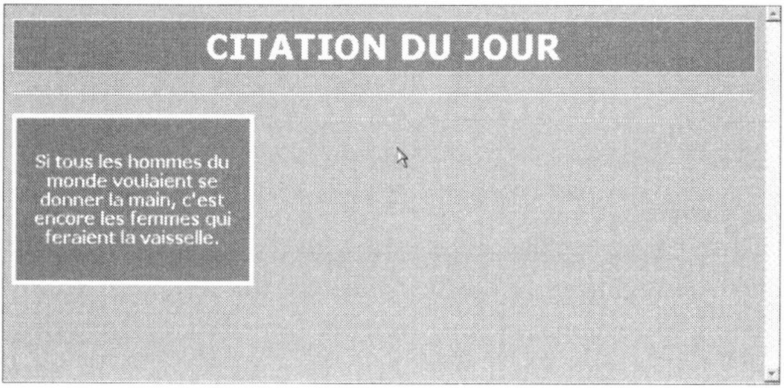

L'application VBScript affiche une citation à chaque chargement de la page.

Un site Web se doit d'évoluer en permanence et de présenter un contenu qui change à chaque consultation. Une des façons d'y parvenir peut consister à afficher une citation différente à chaque chargement d'une page donnée.

La présente application le réalise de façon simple en gérant un tableau de citations directement placé dans le script VBScript. Dans cet exemple, il ne comporte que 7 citations mais dans la pratique, il est préférable d'en placer une centaine environ afin de multiplier les chances pour l'internaute de voir apparaître une phrase différente.

Chaque fois que la page est chargée, une fonction génère un nombre aléatoire qui permet d'afficher une nouvelle citation.

Dans cet exemple, nous utilisons la fonction **Ubound** pour déterminer le dernier élément du tableau. De cette façon, le responsable du site peut faire évoluer le tableau à sa guise et savoir que le script fonctionnera. Il importe toutefois, s'il ajoute des éléments, qu'il adapte l'instruction **Dim** qui indique la taille du tableau.

```
<HTML>

<HEAD>
<TITLE></TITLE>
<LINK REL="stylesheet" HREF="style.css">
</HEAD>
```

```
<BODY>

<H1>CITATION DU JOUR</H1>
<P>
<SCRIPT LANGUAGE="VBScript">
Dim citations(6)
citations(0) = "Pour que la vérité éclate, il faut souffler dedans."
citations(1) = "Même les plus grands tennismen ont connu
leurs revers."
citations(2) = "Protégez moi de mes amis, les OVNIs je m'en
charge."
citations(3) = "L'ennui naquit un jour des tables en formica."
citations(4) = "C'est au pédicure que l'on voit le maçon."
citations(5) = "Si tous les hommes du monde voulaient se don-
ner la main, c'est encore les femmes qui feraient la vaisselle."
citations(6) = "On ne peut être ventriloque et polyglotte à la
fois."

nombre_citations = Ubound(citations) ' nombre de citations
Randomize
indice = Int((nombre_citations + 1) * Rnd)        ' indice aléatoi-
re
citation_du_jour = citations(indice)

document.Write("<H2>")
document.Write(citation_du_jour)
document.Write("</H2>")

</SCRIPT>
</BODY>

</HTML>
```

5 - 2 Détection des clics de la souris sur une image

Cette application détecte la partie de l'image dans laquelle l'utilisateur a cliqué et la redirige vers la page Web correspondante.

Vous avez sans doute déjà vu des sites Web sur lesquels les liens apparaissaient à l'intérieur d'une image. C'est en cliquant à l'intérieur de certaines zones de cette image que vous étiez redirigé vers une autre page.

Dans la présente application, nous présentons un exemple d'une telle capacité. Pour la simplifier nous avons utilisé un rectangle au sein duquel apparaissent quatre images, correspondant à des liens vers d'autres pages.

Pour qu'il vous soit possible d'adapter cet exemple à l'une de vos pages, créez une image rectangulaire à partir d'un programme graphique tel que Paint Shop Pro, Hypersnap DX ou autre. Placez ensuite quatre boutons sous forme d'image, de telle manière qu'ils résident chacun dans un quart bien délimité du rectangle.

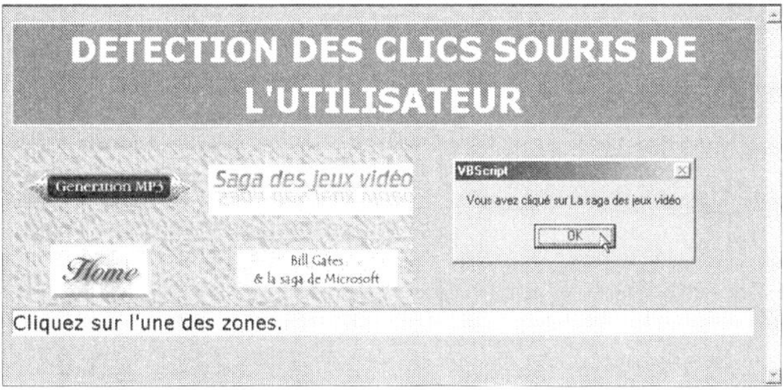

L'application affiche une boîte de dialogue indiquant la zone sur laquelle l'utilisateur a cliqué.

Dans la présente application, chaque fois que l'utilisateur clique sur l'une des zones, nous affichons une boîte de dialogue indiquant sur quelle portion du rectangle il a cliqué.

Pour obtenir ces informations, nous utilisons les objets suivants de DHTML :

- Notre image ayant pour nom *zone* (avec le paramètre **ID=zone** dans la balise **FORM**), nous pouvons détecter un clic sur cette image grâce à l'événement **zone_OnClick()**
- **window.event.offsetX** et **window.event.offsetY** renvoient l'adresse du coin supérieur gauche de l'image en termes de coordonnées x et y.
- **zone.width** et **zone.height** permettent de connaître la taille horizontale et verticale de l'image. A partir de là, nous pouvons déterminer l'adresse du milieu de l'image, là encore en termes de coordonnées x et y.

A partir de ces deux valeurs (coin supérieur gauche et milieu), nous pouvons déterminer si l'utilisateur a cliqué sur l'une des quatre parties de l'image : quart supérieur gauche, quart supérieur droit, quart inférieur gauche, quart inférieur droit.

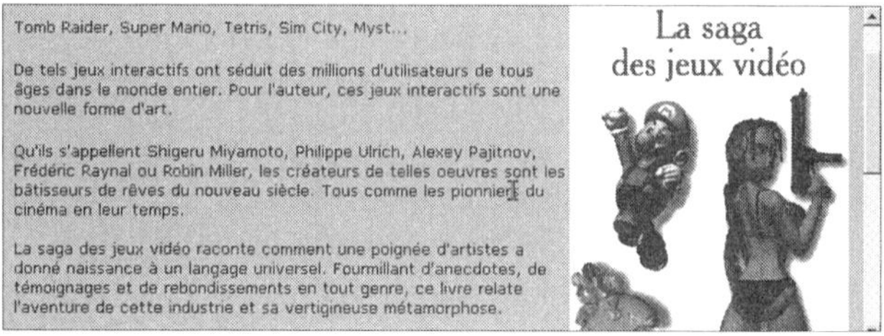

*La redirection vers la page Web désirée est effectuée avec l'instruction **Location.Href**.*

Pour rediriger l'internaute vers la page adéquate, nous utilisons une méthode DHTML, **Location.Href**. Lorsque cette instruction est exécutée, le navigateur affiche la page située à l'URL indiquée.

Lorsque vous testez une telle application, vous pouvez supprimer les instructions comportant **Location.Href** ou bien remplacer les adresses indiquées ici par des pages de votre propre site Web.

```
<HTML>

<HEAD>
<TITLE></TITLE>
<LINK REL="stylesheet" HREF="style.css">
```

```
<SCRIPT LANGUAGE="VBScript">

Sub zone_onClick()
        Dim X, Y, milieuX, milieuY
        X = window.event.offsetX              ' position de la
                                               souris dans
                                               l'image
        Y = window.event.offsetY

        milieuX = zone.width \ 2              ' détection de
                                               la position
                                               médiane
        milieuY = zone.height \ 2

        If X < milieuX AND Y < milieuY Then
                Msgbox("Vous avez cliqué sur Génération
                MP3")
                Location.href = "mp3.htm"
        ElseIf X > milieuX AND Y < milieuY then
                Msgbox("Vous avez cliqué sur La saga des
                jeux vidéo")
                Location.href = "jeuvid.htm"
        ElseIf X < milieuX AND Y > milieuY then
                Msgbox("Vous avez cliqué sur le bouton
                Home")
                Location.href = "index.htm"
        Else
                Msgbox("Vous avez cliqué sur Bill Gates et la
                saga de Microsoft")
                Location.href = "gates.htm"
```

```
        End If
End Sub
</SCRIPT>

</HEAD>

<BODY>
<H1>DETECTION DES CLICS SOURIS DE L'UTILISATEUR</H1>
<IMG id="zone" src="zone.jpg">
<P>Cliquez sur l'une des zones.</P>

</BODY>
</HTML>
```

L'idée d'une telle application a été inspirée par un exemple de script disponible sur le site irt.org (*http://tech.irt.org/articles/vbscript.htm*). Si vous consultez cette page, vous découvrirez également comment faire pour capturer une touche du clavier frappée par l'utilisateur au moyen de l'objet window.event.keyCode qui renvoie le code de la touche frappée et la fonction Chr(window.event.keyCode) qui renvoie la valeur alphanumérique d'une telle touche.

5 - 3 Image qui se déplace à l'écran

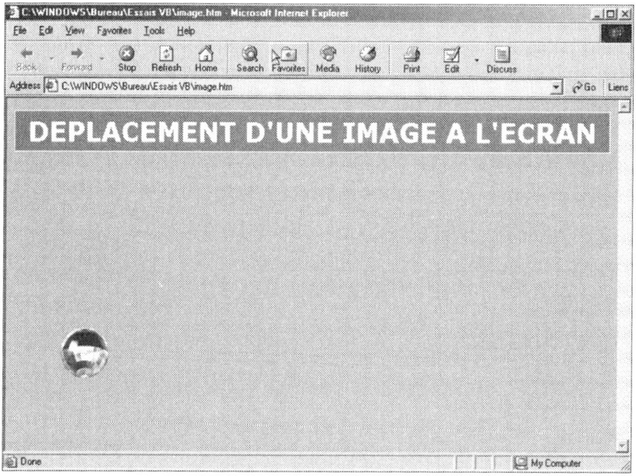

L'image démarre son mouvement en bas et à gauche de la page et monte vers le bord droit.

L'un des paramètres que l'on peut associer à un style, **position**, permet de placer un objet de manière précise à l'écran. Il peut se voir associer trois valeurs :

- **position:absolute** indique une position "absolue" sur la page, indépendamment de ce qui s'y trouve par ailleurs. L'objet placé de manière absolue peut même recouvrir un autre objet de la page. Pour placer une image à 200 pixels par rapport au sommet de la page et à 150 pixels du bord gauche, nous indiquerions :

```
IMAGE
{position:absolute;
top:200px;
left:150px}
```

- **position:relative** place l'objet de manière relative - au-dessous du dernier élément affiché. Dans l'exemple qui suit, l'image serait placée 100 pixels au-dessous du dernier élément placé sur la page Web.

```
IMAGE
{position:relative;
top:100px}
```

- **position:static** n'a pas d'effet particulier. L'objet est placé de façon normale dans la page.

Il est possible d'utiliser cette capacité à placer l'objet de manière absolue ou relative pour déplacer une image sur une page Web.

Dans l'exemple qui suit, nous déplaçons une image GIF animée (*animboule.gif*) à l'aide d'instructions VBScript faisant référence à cet objet : **.style.Top** gère le placement vertical et **.style.Left** le placement horizontal.

Pour ralentir le mouvement de la boule, l'instruction **Window.SetTimeout** est mise à contribution. Celle-ci a pour paramètre une expression ou bien encore, comme dans le cas présent, une fonction. L'exécution de celle-ci est retardée selon un délai indiqué en millisecondes.

L'image de la boule, peu avant qu'elle ne termine son ascension vers le bord droit.

Voici le code utilisé pour cet exemple. Il est fortement recommandé d'utiliser un GIF animé pour le mettre en œuvre :

```
<HTML>

<HEAD>
<TITLE></TITLE>
<LINK REL="stylesheet" HREF="style.css">
<SCRIPT LANGUAGE="VBScript">
Public attente
Public x
Public y
```

```
Sub Window_OnLoad()
        x = 10
        y = 300
        image_boule.Style.Left = x     ' positionne l'image
        image_boule.Style.Top = y
        attente = Window.SetTimeout("Anime",10)
'démarre le déplacement
End Sub

Sub Anime()        ' fonction déplaçant l'image à l'écran
        x = x + 2
        y = y - 1
        image_boule.Style.Left = x
        image_boule.Style.Top = y

        if x < 600 then       ' la fonction se relance elle-même
                attente = Window.SetTimeout("Anime", 10)
        End if

End Sub
</SCRIPT>
</HEAD>

<BODY>
<H1>DEPLACEMENT D'UNE IMAGE A L'ECRAN</H1>
<IMG ID="image_boule" SRC="animboule.gif"
STYLE=position:absolute>
</BODY>

</HTML>
```

Il est possible de gérer des déplacements assez complexes si vous maîtrisez de manière adroite les variables x et y liées aux paramètres de position.

5 - 4 Texte défilant dans barre d'état

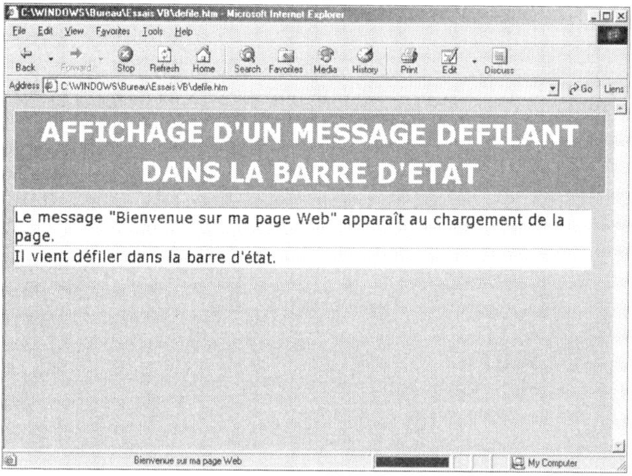

Le texte affiché dans la barre d'état défile de droite à gauche.

La méthode **Window.status** permet d'écrire un message dans la barre d'état. En utilisant une boucle, nous pouvons simuler un défilement du texte. Il suffit pour cela d'ajouter des espaces devant le texte à afficher, puis de réduire le nombre de ces espaces.

Dans cette application, le message à afficher est placé dans la variable *message*. La fonction **Space** permet d'ajouter deux cents espaces devant la chaîne formant le message. Une boucle **While .. Wend** affiche le message précédé d'une telle chaîne vide dans la barre d'état avec **Window.status**. Le nombre d'espaces placés devant le message est ensuite réduit de manière à ce que l'affichage de la chaîne correspondante donne l'impression d'un défilement.

Pour éviter que le message défile trop vite, nous passons par une variable intermédiaire et réduisons la valeur de 0,1 à chaque étape de la boucle - libre à vous de modifier une telle variable pour ralentir encore l'affichage. La fonction **Fix** renvoie l'entier le plus proche du nombre réduit.

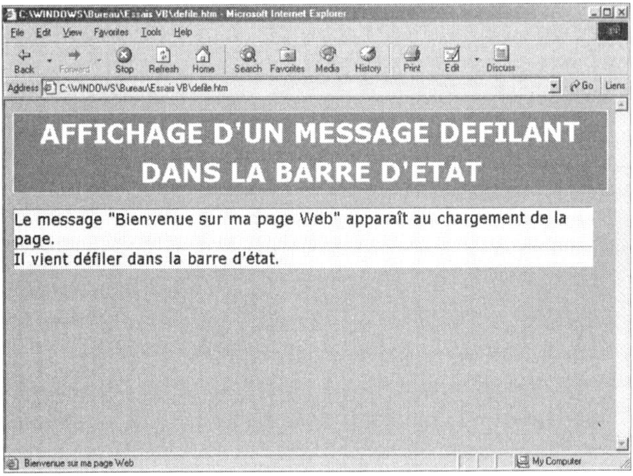

A la fin du défilement, le texte apparaît au bas de la barre d'état.

```
<HTML>

<HEAD>
<TITLE></TITLE>
<LINK REL="stylesheet" HREF="style.css">
<SCRIPT LANGUAGE="VBScript">
Sub Window_OnLoad()                    ' se déclenche au charge-
ment de la page
        Message = "Bienvenue sur ma page Web"
        Nbespaces = 200
        nb = Nbespaces
        While Nbespaces > 0
                Espaces = Space(Nbespaces) 'construit la
chaîne d'espaces
                Window.status = Espaces & Message  ' affi-
chage dans barre d'état
                Nb = Nb - .1
                Nbespaces = Fix(nb)
        Wend

End Sub
</SCRIPT>
</HEAD>

<BODY>
<H1>AFFICHAGE D'UN MESSAGE DEFILANT DANS LA BARRE
D'ETAT</H1>
<P>
Le message "Bienvenue sur ma page Web" apparaît au charge-
ment de la page.
<P>
```

Il vient défiler dans la barre d'état.
</BODY>

</HTML>

5 - 5 Gérer un compteur de visites

Sur cette page, le compteur de visites est géré par un script VBSCRIPT.

Pour mieux jauger de la popularité d'un site, vous pouvez installer un compteur de visites. VBScript vous permet d'en associer un à chaque page de votre site, grâce à un script tel que celui présenté ci-dessous.

Le script utilise les instructions de traitement de fichiers texte **Readline** et **Writeline** pour gérer un fichier ne comportant qu'un seul enregistrement : un compteur (appelé "*compteur.txt*" dans l'exemple ci-dessous). A chaque chargement de la page, ce fichier est ouvert afin de lire son contenu. Le nombre de visites est incrémenté puis le nombre résultant recopié avec **Writeline** sur le fichier texte - dans l'exemple ci-dessous, il est également affiché sur la page.

Le seul défaut d'une telle méthode, c'est que le compteur est incrémenté chaque fois qu'un même utilisateur recharge la même page et cela fausse quelque peu l'estimation. Quoi qu'il en soit, vous pouvez utiliser un tel script pour jauger de la popularité relative des diverses pages de votre site Web.

Chaque fois qu'un internaute charge cette page, le compteur est incrémenté.

Voici le code d'un tel traitement. Pour qu'il fonctionne, il vous faut en premier lieu créer le fichier *compteurs.txt* (par exemple avec le Bloc-notes de Windows) et indiquer une valeur sur la première ligne de ce fichier texte. Il faut également créer un fichier différent pour chaque page dont vous désirez mesurer isolément le taux de visites.

```
<HTML>

<HEAD>
<TITLE></TITLE>
```

```
<LINK REL="stylesheet" HREF="style.css">
</HEAD>

<BODY>
<H1>GESTION D'UN COMPTEUR DE VISITES</H1>
<P>
<SCRIPT LANGUAGE="VBScript">
Const ForReading = 1, ForWriting = 2, ForAppending = 8

Set fichier = CreateObject("Scripting.FileSystemObject")
Set compteur =
fichier.OpenTextFile("c:\compteur.txt",ForReading, True)

nombre = compteur.ReadLine
nombre = nombre + 1

compteur.Close
Set compteur =
fichier.OpenTextFile("c:\compteur.txt",ForWriting, True)
compteur.WriteLine(nombre)

compteur.Close

document.Write("<H2>Cette page a fait l'objet de " & nombre
& " visites.</H2>")

</SCRIPT>

</BODY>

</HTML>
```

Attention

Avant de télécharger une telle application chez votre fournisseur d'accès afin de la rendre disponible sur le Web, rappelez-vous qu'il faut auparavant modifier l'instruction CreateObject de façon à ce que le fichier texte utilisé réside sur le serveur. Voir chapitre 4 - 5 pour plus de détails.

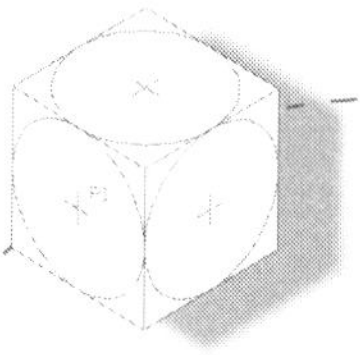

6. Le mariage de VBScript et des feuilles de style

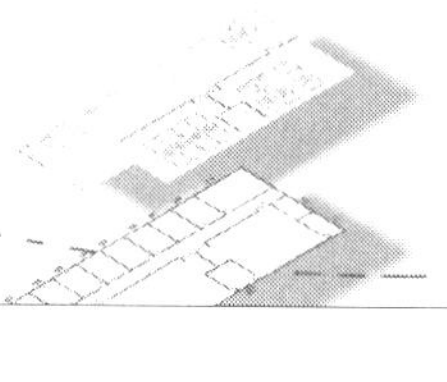

Association de VBScript et des feuilles de style

Dans le chapitre 4 - 4, “Objets, propriétés et méthodes”, nous avons vu qu’une page Web, selon la norme HTML, était constituée d’objets et que ces objets pouvaient répondre à des événements : changement d’heure ou de date, passage de la souris sur l’objet, frappe d’une touche du clavier...

Les feuilles de style peuvent être rendues dynamiques de deux façons :

- à l’intérieur d’une même feuille de style, il est possible de faire varier le style d’un élément en lui associant un nom.
- en utilisant un script VBscript pour modifier la feuille de style qui est associée à la page au moment où le curseur passe sur un élément donné.

Style dynamique au sein d’une même feuille

Les styles, comme nous l’avons vu dans les trois premières parties de ce livre, sont définis en indiquant le nom d'une balise sans les symboles < et > dans le fichier .css. Par exemple :

```
P
        {
        width:550pt;
        border-style:groove;
        border-width:1px;
        background:#CCFFFF;
        }
```

Mais il est possible de définir des variantes de tels styles en leur associant un nom. En voici un exemple :

```
P
        {
        width:550pt;
        border-style:groove;
        border-width:1px;
        background:#CCFFFF;
        float:left}
        .sombre {color:white; background:#996666}
        .fondgris {color:yellow; background:#669900}
```

A l'intérieur du style P, nous définissons deux sous-styles : *.sombre* et *.fondgris*. Ceux-ci reprennent toutes les caractéristiques du style associé à la balise <P> mais avec une différence sur la couleur de premier plan et de fond. La forme indiquée ci-dessus est celle qui s'applique : un point suivi d'un nom.

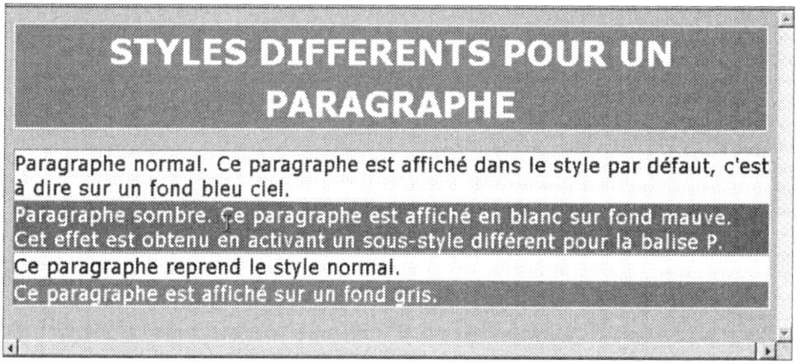

Affichage de styles différents pour un paragraphe de balise <P>.

Pour faire référence à l'un des sous-styles, il faut indiquer le paramètre CLASS à l'intérieur de la balise <P>. Voici un exemple de page Web utilisant cet effet :

```
<HTML>

<HEAD>
<TITLE></TITLE>
<LINK REL="stylesheet" HREF="style.css">
</HEAD>

<BODY>

<H1>STYLES DIFFERENTS POUR UN PARAGRAPHE</H1>
<P>
Paragraphe normal. Ce paragraphe est affiché dans le style
par défaut, c'est-à-dire sur un fond bleu ciel.
<P  CLASS="sombre">
Paragraphe sombre. Ce paragraphe est affiché en blanc sur
fond mauve. Cet effet est obtenu en activant un sous-style diffé-
rent pour la balise P.
```

```
<P>
Ce paragraphe reprend le style normal.
<P CLASS="fondgris">
Ce paragraphe est affiché sur un fond gris.
</BODY>

</HTML>
```

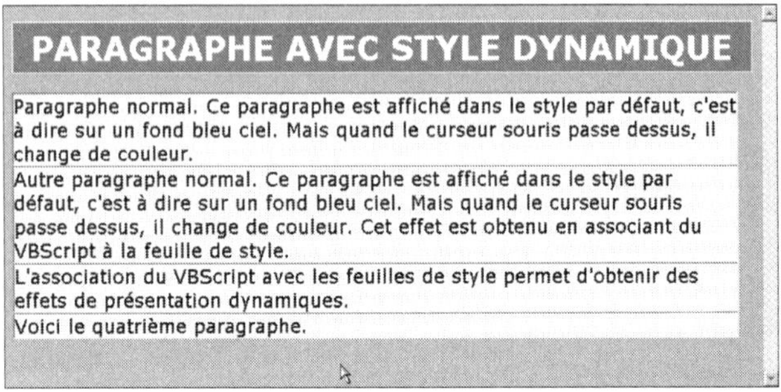

Tant que le curseur de la souris ne pointe pas sur un paragraphe, ils apparaissent tous sous leur forme normale.

A présent, si nous mettons à contribution le VBScript, nous pouvons obtenir un effet fort intéressant : un paragraphe qui change de couleur lorsque le curseur de la souris passe dessus. Pour ce faire, nous utilisons le fait qu'il soit possible de définir des sous-styles (ou classes). La propriété .className permet alors de modifier la classe d'un style de paragraphe.

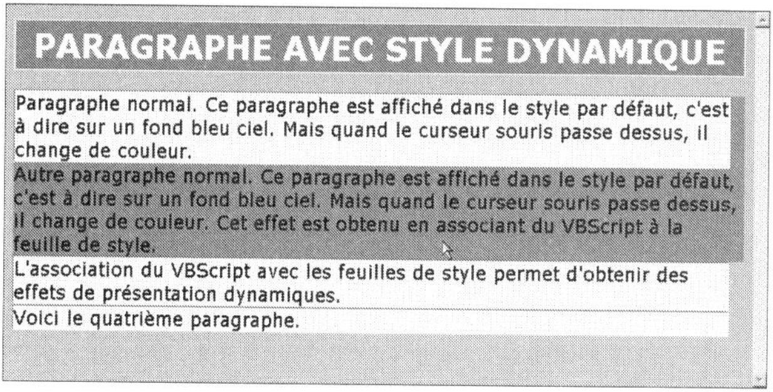

Lorsque le curseur passe sur un paragraphe, celui-ci change de couleur.

Cet exemple peut paraître lourd à réaliser car chaque paragraphe doit recevoir un nom d'objet séparé (avec le paramètre ID dans la balise <P>) et dans l'application réalisée ici, nous avons créé une procédure différente pour chaque paragraphe. Mais l'effet peut être mis à contribution sur certaines pages que vous désireriez particulièrement mettre en valeur.

La feuille de style utilisée, *para.css*, est la suivante :

```
BODY
        {
        background:"#99CCFF";
        font-family:"Verdana";
        font-size:14pt;
        }
P.normal
        {width:550pt;
        border-style:groove;
        border-width:1px;
        background:#CCFFFF;
```

```
        float:left}
P.sombre
        {background="#6699FF"}
H1
        {
        background:#6699CC;
        line-height:36pt;
        font-size:24pt;
        color:white;
        border-style:solid;
        border-width:1px;
        border-color:white;
        text-align:center;
        text-transform:uppercase;
        }
```

La forme utilisée pour définir les classes de styles *normal* et *sombre* est légèrement différente de celle utilisée plus haut : nous avons indiqué *P.normal* et *P.sombre*.

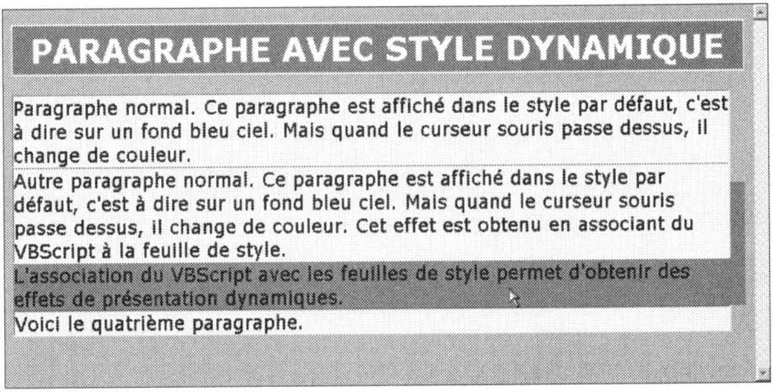

Si le curseur pointe sur un autre paragraphe, il est à son tour mis en valeur.

Le code de l'application est le suivant :

```
<HTML>

<HEAD>
<LINK REL="stylesheet" HREF="para.css">
<SCRIPT LANGUAGE=vbscript>
Sub ChangeClasse(autre)
        aspect.className= autre
End Sub
Sub ChangeClasse2(autre)
        aspect2.className= autre
End Sub
Sub ChangeClasse3(autre)
        aspect3.className= autre
End Sub
Sub ChangeClasse4(autre)
        aspect4.className= autre
End Sub
</SCRIPT>
</HEAD>

<BODY>
<H1>PARAGRAPHE AVEC STYLE DYNAMIQUE</H1>
<P CLASS="normal" ID="aspect"
onMouseOver=ChangeClasse('sombre')
onMouseOut = ChangeClasse('normal')>
Paragraphe normal. Ce paragraphe est affiché dans le style
par défaut, c'est-à-dire sur un fond bleu ciel. Mais quand le
curseur souris passe dessus, il change de couleur.
<P CLASS="normal" ID="aspect2"
```

```
onMouseOver=ChangeClasse2('sombre')
onMouseOut = ChangeClasse2('normal')>
Autre paragraphe normal. Ce paragraphe est affiché dans le
style par défaut, c'est-à-dire sur un fond bleu ciel. Mais quand
le curseur souris passe dessus, il change de couleur. Cet effet
est obtenu en associant du VBScript à la feuille de style.
<P CLASS="normal" ID="aspect3"
onMouseOver=ChangeClasse3('sombre')
onMouseOut = ChangeClasse3('normal')>
L'association du VBScript avec les feuilles de style permet d'ob-
tenir des effets de présentation dynamiques.
<P CLASS="normal" ID="aspect4"
onMouseOver=ChangeClasse4('sombre')
onMouseOut = ChangeClasse4('normal')>
Voici le quatrième paragraphe.
</BODY>
```

Les liens dynamiques

Chaque fois que le curseur de la souris passe sur un lien, celui-ci change de couleur de fond.

Il existe un cas particulier concernant les liens d'une page. Par défaut, ils sont affichés en bleu, ils deviennent rouges lorsque le curseur de la souris passe dessus (on parle de lien actif), puis mauves lorsque la page a déjà été visitée. Mais il est possible de personnaliser les liens à sa guise en utilisant une feuille de style.

Il existe trois mots clés que l'on peut indiquer dans une feuille de style pour la balise A et qui permettent d'influer automatiquement sur l'aspect du lien :

- **A:link** pour définir l'aspect normal du lien (ou **A** sans rien d'autre)
- **A:hover** - aspect du lien lorsque le curseur souris le survole.
- **A:visited** - aspect d'un lien visité.

Il est notamment possible de modifier légèrement la taille de la police ou le fond de page lorsque le curseur passe sur un lien.

Voici un exemple d'une telle feuille de style :

```
BODY
        {
        background:"#99CCFF";
        font-family:"Verdana";
        font-size:14pt;
        }
A:link
        {font-size:14pt;
        color:#333366}
A:hover
        {font-size:15pt;
```

```
        letter-spacing:-1px;
        background=#66ffcc}
A:visited
        {font-size:14pt;
        color:#333366;}
H1
        {
        background:#6699CC;
        line-height:36pt;
        font-size:24pt;
        color:white;
        border-style:solid;
        border-width:1px;
        border-color:white;
        text-align:center;
        text-transform:uppercase;
        }
```

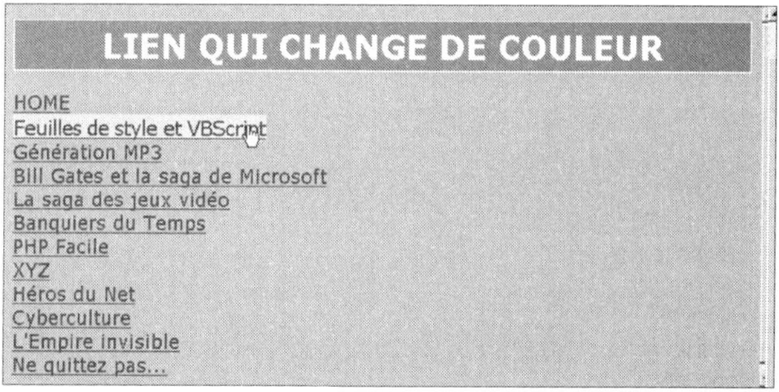

Le lien change de couleur de fond mais aussi de taille de police.

Voici le code de la page correspondante.

```
<HTML>
<HEAD>
<LINK REL="stylesheet" HREF="plan.css">
</HEAD>

<BODY>
<H1>LIEN QUI CHANGE DE COULEUR</H1>
<A HREF="accueil.htm" >HOME</A>
<BR>
<A HREF="vbscript.htm" >Feuilles de style et VBScript</A>
<BR>
<A HREF="pagemp3.htm" >Génération MP3</A>
<BR>
<A HREF="pagegates.htm" >Bill Gates et la saga de
Microsoft</A>
<BR>
<A HREF="pagejeuv.htm" >La saga des jeux vidéo</A>
<BR>
<A HREF="page3.htm" >Banquiers du Temps</A>
<BR>
<A HREF="extraits/php.htm" >PHP Facile</A>
<BR>
<A HREF="page5.htm" >XYZ</A>
<BR>
<A HREF="pagenet.htm" >Héros du Net</A>
<BR>
<A HREF="pagecyb.htm" >Cyberculture</A>
<BR>
<A HREF="page6.htm" >L'Empire invisible</A>
```

```
<BR>
<A HREF="page7.htm" >Ne quittez pas...</A>
</BODY>

</HTML>
```

Comme vous pouvez le voir, cet effet dynamique ne fait pas intervenir de VBScript. Mais nous allons aller plus loin dans l'exemple suivant.

Changer la feuille de style en fonction d'un événement

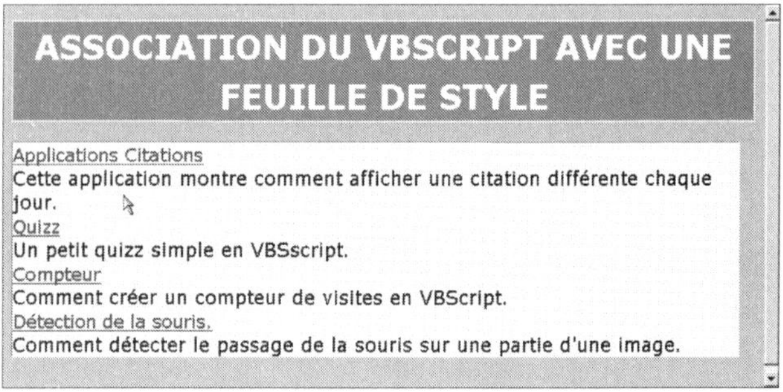

Dans cette application, deux feuilles de style sont associées à la page. Par défaut, la première feuille est active.

Grâce à VBScript, il est possible d'associer une ou plusieurs feuilles de style différentes à une page Web et de faire en sorte que chacune devienne active selon un événement donné.

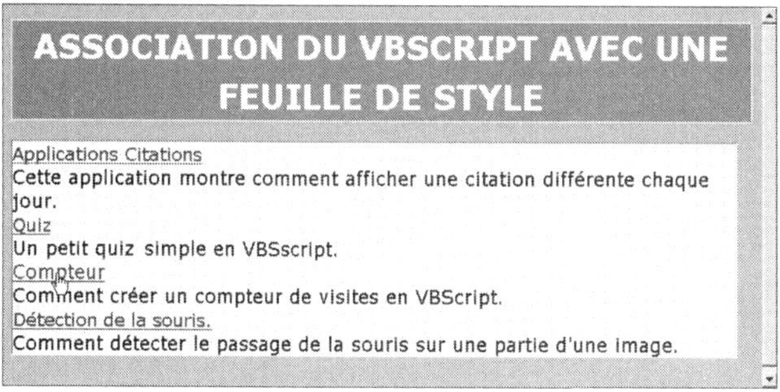

Dès que le curseur de la souris pointe sur un lien, c'est une autre feuille de style qui prend le relais. De ce fait, le lien change de forme, mais le fond de la page est également modifié.

Dans la présente application, lorsque le curseur pointe sur un lien, nous appelons une procédure VBScript qui modifie la feuille de style active. Cette action est rendue possible grâce à la propriété .**Href** qui permet de modifier la référence de l'objet correspondant. Dans cet exemple, nous attribuons un nom à la balise <LINK REL>, là encore avec le mot-clé ID.

```
<LINK ID="lienstyle" REL="stylesheet" HREF="styl.css">
```

A partir de là, une procédure peut modifier la feuille de style active en modifiant la valeur de l'objet *lienstyle.Href*.

Nous utilisons ici deux feuilles de style, *styl.css* et *styl2.css*. La première contient les instructions suivantes :

```
BODY
        {
        background:"#99CCFF";
        font-family:"Verdana";
        font-size:14pt;
        }
A
        {font-size:18px}
H1
        {
        background:#6699CC;
        line-height:36pt;
        font-size:24pt;
        color:white;
        border-style:solid;
        border-width:1px;
        border-color:white;
        text-align:center;
        text-transform:uppercase;
        }
P
        {
        width:550pt;
        border-style:groove;
        border-width:1px;
        background:#CCFFFF;
        float:left;
        }
```

La feuille de style *styl2.css* est indentique à l'exception des rubriques relatives à **BODY** (où nous changeons le fond de page) et **A** :

```
BODY
        {
        background:"#66cccc";
        font-family:"Verdana";
        font-size:14pt;
        }
A
        {font-size:18px}
A:hover
        {font-size:19px}
```

L'application qui suit utilise les événements **OnMouse Over** et **OnMouseOut** associés aux balises <A> pour changer la feuille de style active selon que le curseur survole ou non le lien :

```
<HTML>
<HEAD>
<LINK ID="lienstyle" REL="stylesheet" HREF="styl.css">

<SCRIPT LANGUAGE="VBSCript">
Sub ChangeStyle(autre)
        lienstyle.Href = autre & ".css"
End Sub
</SCRIPT>
</HEAD>
```

```
<BODY>
<H1>ASSOCIATION DU VBSCRIPT AVEC UNE FEUILLE DE
STYLE</H1>
<P>

<A HREF="citations.htm"  onMouseOver="ChangeStyle('styl2')"
onMouseOut="ChangeStyle('styl')">Applications Citations</A>
<BR>
Cette application montre comment afficher une citation diffé-
rente chaque jour.
<BR>
<A HREF="quiz.htm"  onMouseOver="ChangeStyle('styl2')"
onMouseOut="ChangeStyle('styl')">Quiz</A>
<BR>
Un petit quiz simple en VBSscript.
<BR>
<A HREF="compteur.htm"  onMouseOver="ChangeStyle('styl2')"
onMouseOut="ChangeStyle('styl')">Compteur</A>
<BR>
Comment créer un compteur de visites en VBScript.
<BR>
<A HREF="souris.htm"  onMouseOver="ChangeStyle('styl2')"
onMouseOut="ChangeStyle('styl')">Détection de la souris.</A>
<BR>
Comment détecter le passage de la souris sur une partie d'une
image.
<BR>
</BODY>
</HTML>
```

Il existe une large panoplie d'effets réalisables dès lors que vous commencez à maîtriser la gestion d'événements avec VBScript, en association avec les feuilles de style. Le chapitre 5 - 3 présente une autre propriété fort intéressante, celle consistant à attribuer une position à une image dans une page, et elle est utilisée pour déplacer une image sur une page Web.

Certains des effets de mise en page dynamique proposés dans le présent chapitre pourraient sembler relativement lourds à mettre en œuvre. Mais si d'aventure, vous tentez de les réaliser avec un autre langage et une autre approche, vous devriez constater que la combinaison de VBScript et des feuilles de style demeure la plus simple. Elle permet de dynamiser un site tout en nécessitant d'écrire peu de code et avec des instructions relativement faciles à manipuler.

Nous espérons que la lecture de ces divers chapitres vous a donné les outils nécessaires pour améliorer l'aspect et l'interactivité de vos sites Web. L'annexe propose une liste des fonctions qui vous sera bien utile pour réaliser vos scripts.

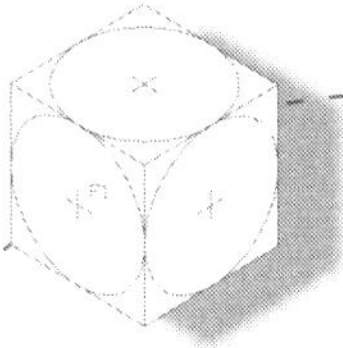

Annexe

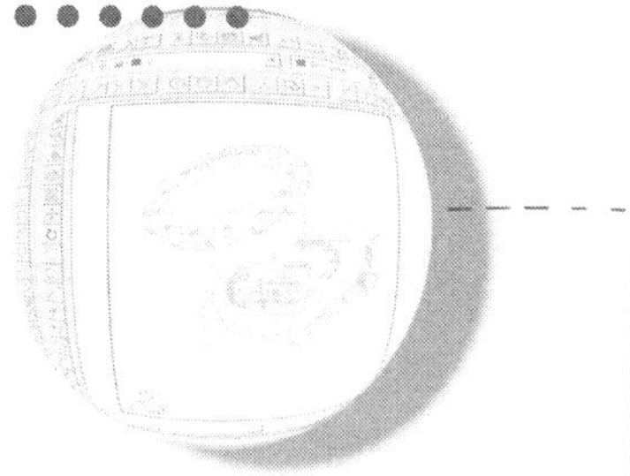

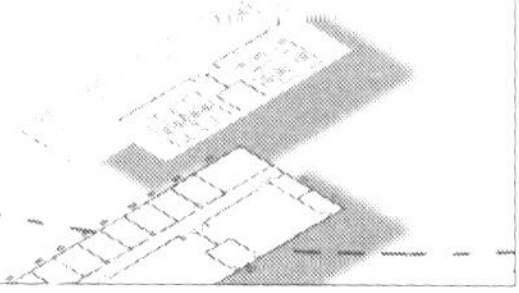

Liste des fonctions VBScript

Abs

Renvoie la valeur absolue d'un nombre, c'est-à-dire sa valeur positive (sans signe).

Syntaxe :

Abs(*nombre*)

N'importe quelle expression numérique peut convenir pour *nombre*.

```
a = -153,32
b = Abs(a)                    ' b = 153,32
```

Array

Crée une variable tableau avec ses éléments, chacun d'eux étant séparé par une virgule. Si aucun élément n'est spécifié, la fonction crée un tableau de longueur nulle.

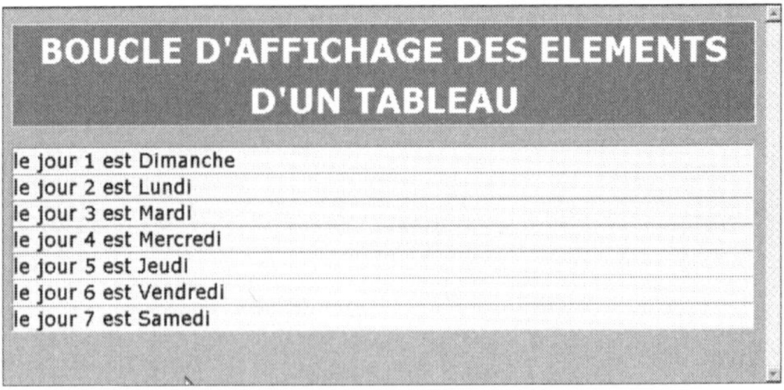

*Affichage des éléments d'un tableau défini avec **array**.*

```
<HTML>

<HEAD>
<TITLE></TITLE>
<LINK REL="stylesheet" HREF="style.css">
</HEAD>

<BODY>
<H1>BOUCLE D'AFFICHAGE DES ELEMENTS D'UN
TABLEAU</H1>
<SCRIPT LANGUAGE="VBScript">
Semaine = Array("Dimanche", "Lundi", "Mardi", "Mercredi",
"Jeudi", "Vendredi", "Samedi")
For Each element In Semaine
        document.Write("<P>")
        jour = Semaine(i)
        document.Write("le jour " & i+1 & " est " & jour)
        i = i + 1
Next
```

```
</SCRIPT>
</BODY>
</HTML>
```

Asc

Code de caractère ASCII/ANSI de la première lettre d'une chaîne. On appelle ainsi le code utilisé pour représenter les caractères sous Windows.

Syntaxe :

Asc(chaîne)

```
<HTML>
<HEAD>
<LINK REL="stylesheet" HREF="style.css">
</HEAD>

<BODY>
<H1>FONCTION ASC - AFFICHAGE DU CODE ASCII</H1>
<SCRIPT LANGUAGE="VBScript">
Semaine = Array("Dimanche", "Lundi", "Mardi", "Mercredi",
"Jeudi", "Vendredi", "Samedi")
For Each element In Semaine
        document.Write("<P>")
        jour = Semaine(i)
        code - Asc(jour)
        document.Write("Le code ASCII de la première lettre
de " & jour & " est " & code)
        i = i + 1
Next
```

```
</SCRIPT>

</BODY>
</HTML>
```

Atn

Arc tangente d'un nombre.

Syntaxe :

Atn(nombre)

CBool

Renvoie la valeur booléenne (Vrai ou Faux) d'une expression.

Syntaxe :

CBool(expression)

```
a = 10
b = 10
Test= CBool(a = b)          ' Test contient Vrai.
nulle = 0
Test= CBool(nulle)          ' Test contient Faux.
```

Cbyte

La valeur de l'expression, convertie en variable de sous-type Byte (octet). Etant donné que la valeur maximale que peut contenir un octet est de 255, le nombre ne doit pas dépasser cette valeur faute de quoi il se produit une erreur dite de "dépassement de capacité".

```
<SCRIPT LANGUAGE="VBScript">
nombre = 254.52
octet = cbyte(nombre)
document.Write(octet)                    ' écrit la valeur 255
</SCRIPT>
```

CCur

Renvoie une expression qui a été convertie dans le sous-type Currency (monétaire)

Syntaxe :

CCur(expression)

CDate

Renvoie une expression convertie au sous-type Date.

Syntaxe :

CDate(date)

Le format de date reconnu est celui qui est en vigueur sur le système utilisé (généralement jour - mois - année en France) et il importe de le respecter.

Si la date est indiquée sous forme de nombre, la partie entière du nombre est convertie en date et la partie fractionnaire du nombre est convertie en heure du jour, commençant à minuit. Au besoin, la fonction **IsDate** peut être utilisée pour vérifier que l'argument date est réellement convertible en date et/ou heure.

```
jour = "14 février 2002"
jourdate = CDate(jour)
document.Write(jourdate)   ' écrit : 14/02/2002
heure = "17:15:12"
heuredate = CDate(heure)
document.Write(heuredate) ' écrit : 17:15:12
```

Notons qu'il est préférable de ne pas utiliser des chaînes pour stocker des dates et des heures et de les définir de façon explicite, conformément à leur sous-type, en utilisant des # : #14/02/2002#, #17:15:12#.

CDbl

Convertit une expression en une variable de sous-type Double (nombre en virgule flottante avec double précision et une étendue allant de -1,79769313486232E308 à -4,94065645841247E-324 pour les valeurs négatives ; de 4,94065645841247E-324 à 1,79769313486232E308 pour les valeurs positives).

Chr

Renvoie le caractère ASCII correspondant au nombre spécifié.

Syntaxe :

Chr(nombre)

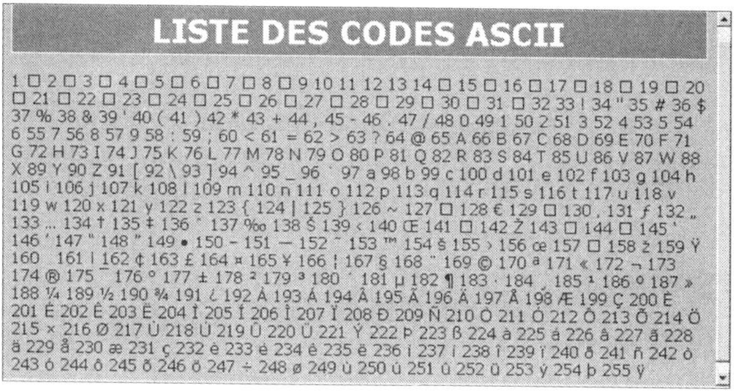

Affichage des codes ASCII de 33 à 255 - les 32 premiers sont non imprimables.

```
<HTML>

<HEAD>
<LINK REL="stylesheet" HREF="style.css">
</HEAD>

<BODY>
<H1>LISTE DES CODES ASCII</H1>
<SCRIPT LANGUAGE="VBScript">
For i = 33 To 255 Step 1
codeasc = Chr(i)
document.Write(i & " " & "<B>" & codeasc & "</B>  ")
Next
</SCRIPT>
</BODY>
</HTML>
```

CInt

Convertit l'expression en un entier. Si la première décimale est égale à 5 (par exemple 2,5), le nombre est arrondi à l'entier pair le plus proche. Ainsi, 3,5 devient 4 et 2,5 devient 2.

Syntaxe :

CInt(expression)

```
nombre = 1456.32
entier = Cint(nombre)        ' entier est égal à 1456
```

CLng

Convertit une expression en une variable de sous-type Long (entier de type Long avec une valeur allant de -2 147 483 648 à 2 147 483 647). Si la première décimale est égale à 5 (par exemple 2,5), le nombre est arrondi à l'entier pair le plus proche. Ainsi, 3,5 devient 4 et 2,5 devient 2.

Syntaxe :

CLng(expression)

Cos

Cosinus d'un angle.

Syntaxe :

Cos(nombre)

CreateObject

Cette fonction avancée utilise un Contrôle Active X pour démarrer une application externe telle que Word ou Excel, crée un objet et renvoie une référence à cet objet.

Syntaxe :

CreateObject(nom_serveur.type_objet[, emplacement])

La syntaxe de la fonction CreateObject comprend les éléments suivants :

- *nom_serveur* désigne le nom de l'application fournissant l'objet.
- *type_objet* désigne le type ou la classe de l'objet à créer.
- L'argument *emplacement*, s'il est présent, désigne le nom du serveur réseau sur lequel l'objet doit être créé.

Des applications telles que Word, Excel, Powerpoint ou autre sont vues par l'explorateur Web comme des "serveurs Automation". En ce sens, ils peuvent fournir des objets tels qu'un document, une barre d'outils... Une fois qu'un objet a été créé, il est possible d'y faire référence en utilisant la variable définie avec **CreateObject**.

CSng

Convertit une expression en une variable de sous-type Single, soit un nombre à virgule flottante en précision simple de -3,402823E38 à -1,401298E-45 pour les valeurs négatives ; de 1,401298E-45 à 3,402823E38 pour les valeurs positives.

Syntaxe :

CSng(expression)

CStr

Convertit une expression en variable de sous-type String (chaîne).

Syntaxe :

CStr(expression)

```
<SCRIPT LANGUAGE="VBScript">
document.Write("<P>")
nombre = 1
chaine = Cstr(nombre)
document.Write(chaine)                    ' renvoie 1

document.Write("<P>")
jour = now
chaine = Cstr(jour)
document.Write(chaine)                    ' renvoie une chaîne telle
que 14/02/2002 19:03:22

document.Write("<P>")
a = 2
b = 3
chaine = Cstr(a = b)
document.Write(chaine)                    ' renvoie Faux
</SCRIPT>
```

Date

Date courante.

Syntaxe :

Date

DateAdd

Ajoute un ou plusieurs intervalles à une date.

Syntaxe :

DateAdd(intervalle, nombre_de_fois, date)

L'intervalle est spécifié avec un mot-clé suivi d'une valeur conformément au tableau suivant :

Mot-clé d'intervalle	Valeur à indiquer
yyyy	Année
q	Trimestre
m	Mois
y	Jour de l'année
d	Jour
w	Jour de la semaine
ww	Semaine
h	Heure
n	Minute
s	Seconde

```
<SCRIPT LANGUAGE="VBScript">
NouvelleDate = DateAdd("m", 2, "30/12/2002")
```

```
document.Write (NouvelleDate)   ' donne le 28 février 2003
 </SCRIPT>
```

DateDiff

Nombre d'intervalles situés entre deux dates données.

Syntaxe :

DateDiff(intervalle, date1, date2, [premier_jour_de_la_semaine[, première_semaine_de_année]])

L'intervalle est spécifié à l'aide d'un mot-clé conformément au tableau placé à l'intérieur de la section consacrée à la fonction DateAdd.

premier_jour_de_la_semaine, s'il est spécifé, indique quel est le premier jour de la semaine concernée. "Dimanche" est pris par défaut. Les autres valeurs sont vbMonday (valeur 2 - Lundi), vbTuesday (valeur 3 - Mardi), vbWednesday (valeur 4 - Mercredi), vbThursday (valeur 5 - Jeudi), vbFriday (valeur 6 - Vendredi), vbSaturday (valeur 7 - Samedi).

première_semaine_de_année, s'il est spécifié, indique quel est le jour de démarrage de la première semaine. Par défaut, il s'agit du 1er janvier. Les autres arguments possibles sont vbFirstFourDays (valeur 2 - commence par la première semaine comportant au moins quatre jours) ou vbFirstFullWeek (valeur 3 - commence par la première semaine complète).

```
<SCRIPT LANGUAGE="VBScript">
Futur = Now + 90
Diff = DateDiff("d", Now, Futur)
```

```
document.Write(Diff)
</SCRIPT>
```

DatePart

Renvoie la partie spécifiée d'une date.

Syntaxe :

DatePart(intervalle,date[premier_jour_de_la_semaine[, première_semaine_de_année]])

Les règles s'appliquant aux paramètres sont identiques à celles s'appliquant à **DateDiff**.

```
<SCRIPT LANGUAGE="VBScript">
Trimestre = DatePart("q", Now)
document.Write(Trimestre)                  ' si nous sommes en
février, renvoie 1
</SCRIPT>
```

DateSerial

Renvoie une variable de sous-type Date pour une année, un mois et un jour donnés.

Syntaxe :

DateSerial(année, mois, jour)

```
<SCRIPT LANGUAGE="VBScript">
Date1 = DateSerial(1999, 7, 21)                              '
Renvoie 21 / 07 / 1999
```

```
document.Write(Date1)
</SCRIPT>
```

DateValue

Renvoie une variable de sous-type Date.

Syntaxe :

DateValue(date)

```
<SCRIPT LANGUAGE="VBScript">
Date1 = DateValue("21 juillet 1999") ' Renvoie 21 / 07 /
1999
document.Write(Date1)
</SCRIPT>
```

Day

Renvoie le jour du mois de la date indiquée - un nombre entier de 1 à 31.

Syntaxe :

Day(date)

```
madate = day(Now)
document.Write(madate)    ' renvoie le jour de la date courante
```

Eval

Évalue une expression. Le résultat est un booléen Vrai ou Faux.

Syntaxe :

[résultat =]Eval(expression)

```
test = Eval (2 = 3)
document.Write(test)                    ' renvoie Faux
```

Exp

Renvoie e (la base des logarithmes népériens, soit approximativement 2,718282) élevé à une puissance.

Syntaxe :

Exp(nombre)

Filter

Joue le rôle de filtre. Filter renvoie un tableau comportant un sous-ensemble d'un autre tableau (chaîne de caractères).

Syntaxe :

Filter(Tableau_Chaîne, Chaîne_à_rechercher
[, Vrai_Faux[, Type_de_comparaison]])

Par défaut, Vrai_Faux est égal à Vrai. Si l'on indique False, la fonction exclut la Chaîne_à_rechercher et renvoie un élément du tableau ne la contenant pas.

Type_de_comparaison, s'il est spécifié, peut prendre deux valeurs. vbBinaryCompare (0) effectue une comparaison binaire tandis que vbTextCompare (1) effectue une comparaison texte.

```
<SCRIPT LANGUAGE="VBScript">
Semaine = Array("Dimanche", "Lundi", "Mardi", "Mercredi",
"Jeudi", "Vendredi", "Samedi")
Jour = Filter(Semaine,"di")
For i = 0 to 5
        document.Write(Jour(i))
Next
</SCRIPT>
```

Dans cet exemple, le tableau jour reçoit les éléments suivants : "Lundi", "Mardi", "Mercredi", "Jeudi", "Vendredi", "Samedi".

Fix / Int

Partie entière d'un nombre.

Syntaxe :

Fix(nombre) / Int(nombre)

La différence entre ces deux fonctions réside dans le traitement des valeurs négatives. Dans un tel contexte Fix renvoie le premier entier supérieur ou égal, alors que Int renvoie le premier entier inférieur ou égal.

```
a = - 7.12
b = fix(a)              ' -7
c = int(a)              ' -8
```

FormatCurrency

Renvoie une expression formatée selon le symbole monétaire défini dans le Panneau de configuration du système.

Syntaxe :

FormatCurrency(Expression[,Chiffres_après_la_virgule[,Inclut_Zéro[,Parenthèses[,Groupe_nombres]]]])

Si aucune valeur n'est indiquée pour Chiffres_après_la_virgule, les paramètres régionaux de l'ordinateur sont pris en compte.

Inclut_Zéro indique s'il faut afficher un zéro non significatif pour les valeurs décimales. 3 états sont possibles - voir ci-dessous.

Parenthèses indique s'il faut mettre les valeurs négatives entre parenthèses. 3 états possibles - voir ci-dessous.

Groupe_nombres. Indique s'il faut grouper les nombres en utilisant le séparateur de groupe spécifié dans les paramètres régionaux de l'ordinateur. 3 états possibles - voir ci-dessous.

Les valeurs disponibles pour les 3 paramètres précités sont les suivantes :

TristateTrue	-1	Vrai
TristateFalse	0	Faux
TristateUseDefault	-2	Utilise les paramètres régionaux de l'ordinateur.

Par défaut, ce sont les paramètres régionaux de l'ordinateur qui sont appliqués.

```
<SCRIPT LANGUAGE="VBScript">
Montant = 1666234.4567
Monnaie = FormatCurrency(Montant, 2)
Document.Write(Monnaie)              ' renvoie 1 666 234,46
F
</SCRIPT>
```

FormatDateTime

Renvoie une expression formatée sous forme de date ou d'heure.

Syntaxe :

FormatDateTime(Date[,Format])

L'argument Format est un chiffre indiquant le type de format de date ou d'heure. Les valeurs sont indiquées dans le tableau suivant :

vbGeneralDate	0	Si la date et l'heure sont présentes intégralement, elles sont toutes deux affichées. Si la date est partielle, elle est affichée sous forme abrégée. Si l'heure est partielle, elle est affichée sous forme complète. vbGeneralDate est la valeur par défaut.
vbLongDate	1	Format de date complet tel qu'il est spécifié dans les paramètres régionaux de l'ordinateur.
vbShortDate	2	Format de date abrégé tel qu'il est spécifié dans les paramètres régionaux de l'ordinateur.
vbLongTime	3	Format d'heure tel qu'il est spécifié dans les paramètres régionaux de l'ordinateur.
vbShortTime	4	Format 24 heures (hh:mm).

Par défaut, vbGeneralDate est employé.

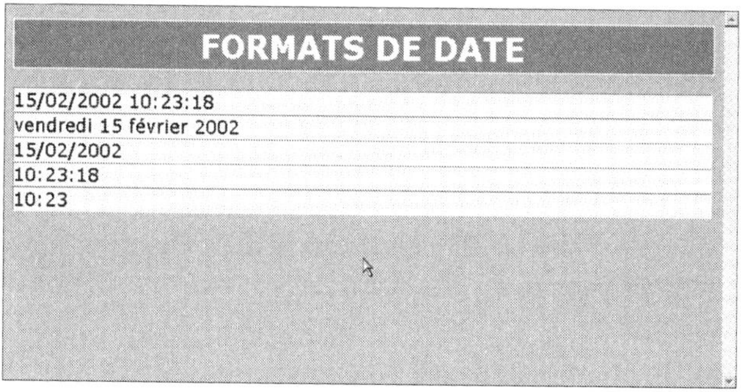

Les 5 formats disponibles pour une date.

```
<SCRIPT LANGUAGE="VBScript">
madate = now
date0 = FormatDateTime(madate)
document.Write(date0 & "<P>")

date1 = FormatDateTime(madate, 1)
document.Write(date1 & "<P>")

date2 = FormatDateTime(madate, 2)
document.Write(date2 & "<P>")

date3 = FormatDateTime(madate, 3)
document.Write(date3 & "<P>")

date4 = FormatDateTime(madate, 4)
document.Write(date4 & "<BR>")
</SCRIPT>
```

FormatNumber

Expression formatée sous forme de nombre.

Syntaxe :

FormatNumber(Expression[,Chiffres_après_la_virgule[,Inclut_Zéro[,Parenthèses[,Groupe_nombres]]]])

Si aucune valeur n'est indiquée pour Chiffres_après_la_virgule, les paramètres régionaux de l'ordinateur sont pris en compte.

Inclut_Zéro indique s'il faut afficher un zéro non significatif pour les valeurs décimales. 3 états possibles - voir ci-dessous.

Parenthèses indique s'il faut mettre les valeurs négatives entre parenthèses. 3 états possibles - voir ci-dessous.

Groupe_nombres. Indique s'il faut grouper les nombres en utilisant le séparateur de groupe spécifié dans les paramètres régionaux de l'ordinateur. 3 états possibles - voir ci-dessous.

Les valeurs disponibles pour les 3 paramètres précités sont les suivantes :

TristateTrue	-1	Vrai
TristateFalse	0	Faux
TristateUseDefault	-2	Utilise les paramètres régionaux de l'ordinateur.

Par défaut, ce sont les paramètres régionaux de l'ordinateur qui sont appliqués.

FormatPercent

Renvoie une expression formatée sous forme de pourcentage

Syntaxe :

FormatPercent(Expression[,Chiffres_après_la_virgule[,Inclut_Zéro[,Parenthèses[,Groupe_nombres]]]])

Si aucune valeur n'est indiquée pour Chiffres_après_la_virgule, les paramètres régionaux de l'ordinateur sont pris en compte.

Inclut_Zéro indique s'il faut afficher un zéro non significatif pour les valeurs décimales. 3 états possibles - voir ci-dessous.

Parenthèses indique s'il faut mettre les valeurs négatives entre parenthèses. 3 états possibles - voir ci-dessous.

Groupe_nombres. Indique s'il faut grouper les nombres en utilisant le séparateur de groupe spécifié dans les paramètres régionaux de l'ordinateur. 3 états possibles - voir ci-dessous.

Les valeurs disponibles pour les 3 paramètres précités sont les suivantes :

TristateTrue	-1	Vrai
TristateFalse	0	Faux
TristateUseDefault	-2	Utilise les paramètres régionaux de l'ordinateur.

Par défaut, ce sont les paramètres régionaux de l'ordinateur qui sont appliqués.

```
nombre = 0.34
pc = FormatPercent(nombre)
```

GetObject

Instruction avancée. Elle permet l'accès à un objet ActiveX à partir d'un fichier. Le résultat est affecté à une variable.

Syntaxe :

GetObject([chemin] [, classe])

Le chemin est le chemin de dossier avec le nom du fichier comportant l'objet. S'il est omis, il faut indiquer la classe de l'objet sous la forme nom_application.type_objet.

GetRef

Instruction avancée. Elle permet d'associer une procédure VBScript (Function ou Sub) à tout événement disponible dans vos pages DHTML (Dynamic HTML).

Syntaxe :

Set objet.événement= GetRef(nom_proc)

La syntaxe de la fonction GetRef comprend les éléments suivants :

nom_proc est le nom de la procédure Sub ou Function associée à l'événement.

Affichage de la boîte de dialogue au chargement de la page.

L'exemple qui suit associe une procédure à l'événement DHTML **Window.Onload** (chargement de la page) :

```
<HTML>

<HEAD>
<TITLE></TITLE>
<LINK REL="stylesheet" HREF="style.css">
</HEAD>

<BODY>
<H1>AFFICHAGE D'UNE BOITE DE DIALOGUE AU CHARGE-
MENT DE LA PAGE</H1>
<P>
<SCRIPT LANGUAGE="VBScript">
Sub Dialogue()
  Fenetre = "Bienvenue sur ce site"
  MsgBox Fenetre
End Sub

Set Window.Onload = GetRef("Dialogue")
</SCRIPT>
</BODY>

</HTML>
```

Hex

Renvoie une chaîne correspondant à la valeur hexadécimale d'un nombre.

Syntaxe :

Hex(nombre)

```
A= Hex(11)   ' Renvoie B.
```

Hour

Heure courante.

Syntaxe :

Hour(heure)

InputBox

Affiche une boîte de dialogue, invitant l'utilisateur à frapper un texte ou cliquer sur un bouton. Lorsque l'utilisateur clique sur OK ou appuie sur ENTRÉE, InputBox renvoie ce qui se trouve dans la zone de texte. S'il clique sur Annuler, la fonction renvoie une chaîne de longueur nulle ("").

Syntaxe :

InputBox(texte[, titre][, defaut][, xpos][, ypos][, fichier_aide, numéro_aide])

Le texte est celui qui apparaît dans la boîte de dialogue. S'il comporte plusieurs lignes, celles-ci peuvent être séparées avec un caractère de retour chariot (Chr(13)), un caractère de retour à la ligne (Chr(10)) ou une combinaison des deux (Chr(13) & Chr(10)).

Si aucun argument n'est spécifié pour titre, c'est le nom de l'application qui apparaît dans la barre de titre.

defaut est la chaîne de caractères renvoyée par défaut si l'utilisateur ne frappe aucune réponse. Si cet argument est spécifié, il vient s'afficher dans la zone de texte.

- xpos : distance horizontale entre le bord gauche de la boîte de dialogue et le bord gauche de l'écran. Par défaut, la boîte de dialogue est centrée horizontalement.
- ypos : distance verticale entre le bord supérieur de la boîte de dialogue et le haut de l'écran. Par défaut, la boîte de dialogue est positionnée verticalement, à une distance d'un tiers de la taille de l'écran à partir du haut.
- fichier_aide et numero_aide : indiquent le fichier d'aide à utiliser pour fournir, une aide contextuelle à la boîte de dialogue et le numéro de la rubrique d'aide. Si l'un de ces deux arguments est indiqué, l'autre doit également l'être.

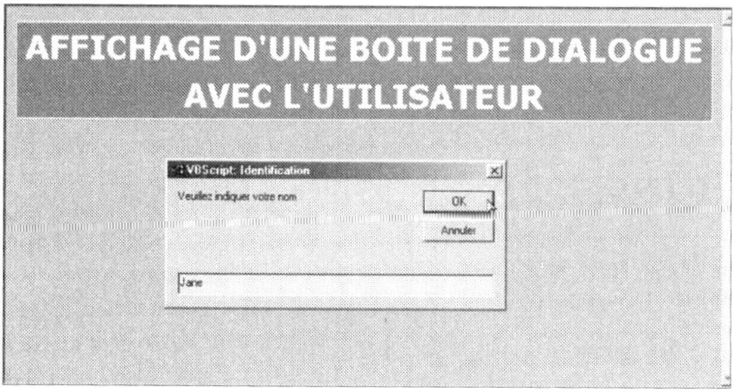

Boîte de dialogue invitant l'utilisateur à entrer son nom.

```
<HTML>

<HEAD>
<TITLE></TITLE>
<LINK REL="stylesheet" HREF="style.css">
</HEAD>

<BODY>
<H1>AFFICHAGE D'UNE BOITE DE DIALOGUE AVEC L'UTILISA-
TEUR</H1>
<SCRIPT LANGUAGE="VBScript">
Dialogue = InputBox("Veuillez indiquer votre nom",
"Identification")
document.Write("Bonjour " & Dialogue)
</SCRIPT>

</BODY>
</HTML>
```

InStr

Renvoie la position de la première occurrence d'une chaîne à l'intérieur d'une autre.

Syntaxe :

InStr([début,] chaine, chaine_recherchée [, type_comparaison])

Si début est spécifié, il indique la position de départ pour la recherche.

type_comparaison, s'il est indiqué, peut prendre deux valeurs. vbBinaryCompare (0) est la valeur par défaut et correspond à une comparaison binaire donc rigoureusement exacte. vbTextCompare (1) correspond à une comparaison texte (dans ce cas de figure, le texte recherché est reconnu même s'il diffère par la présence de majuscules ou minuscules).

```
<SCRIPT LANGUAGE="VBScript">
chaine = "Même les plus grands tennismen"
recherche = "plus"
a = InStr(chaine, recherche)            ' renvoie 10

chaine = "Même les PLUS grands tennismen"
recherche = "plus"
a = InStr(1, chaine, recherche, 0)      ' la recherche en binaire
renvoie 0
a = InStr(1, chaine, recherche, 1)      ' la recherche en mode
texte renvoie 10
</SCRIPT>
```

InStrRev

Renvoie la position de la dernière occurrence d'une chaîne dans une autre.

Syntaxe :

InStrRev(chaine, chaine_recherchée [,début[, type_comparaison]])

Si début est spécifié, il indique la position de départ pour la recherche. Par défaut (-1), commence à la dernière position de la chaîne.

type_comparaison, s'il est indiqué, peut prendre deux valeurs. vbBinaryCompare (0) est la valeur par défaut et correspond à une comparaison binaire donc rigoureusement exacte. vbTextCompare (1) correspond à une comparaison texte (dans ce cas de figure, le texte recherché est reconnu même s'il diffère par la présence de majuscules ou minuscules).

```
<SCRIPT LANGUAGE="VBScript">
chaine = "Même les plus grands et les plus forts"
recherche = "plus"
a = InStrRev(chaine, recherche)                    ' renvoie 29
document.Write (a & "<BR>")

recherche = "PLUS"
a = InStrRev(chaine, recherche,-1, 0) ' la recherche en binaire
renvoie 0
document.Write (a & "<BR>")
a = InStrRev(chaine, recherche,-1, 1) ' la recherche en mode
texte renvoie 29
document.Write (a & "<BR>")
</SCRIPT>
```

IsDate

Indique par une valeur booléenne si une expression peut être convertie en date.

Syntaxe :

IsDate(expression)

```
<SCRIPT LANGUAGE="VBScript">
date1 = "12 janvier 2002"
date2 = #12/01/2002#
date3 = "simone"
a = isdate(date1)            ' Vrai
b = isdate(date2)            ' Vrai
c = isdate(date3)            ' Faux
document.Write(a & "<BR>" & b & "<BR>" & c)
</SCRIPT>
```

IsEmpty

Indique si une variable n'a pas encore reçu de valeur.

Syntaxe :

IsEmpty(expression)

```
<SCRIPT LANGUAGE="VBScript">
Dim a
tst = Isempty(a)             ' Vrai
</SCRIPT>
```

IsNull

Indique si une expression contient des données non valides (Null).

Syntaxe :

IsNull(expression)

IsNumeric

Indique si une expression peut être évaluée comme un nombre.

Syntaxe :

IsNumeric(expression)

```
<SCRIPT LANGUAGE="VBScript">
a = 153.42
tst = IsNumeric(a)          ' Vrai
a = "Globe"
tst = IsNumeric(a)          ' Faux
</SCRIPT>
```

Join

Crée une chaîne par la jonction des éléments d'un tableau.

Syntaxe :

Join(liste[, délimiteur])

Par défaut, le caractère " " sert de délimiteur.

```
<SCRIPT LANGUAGE="VBScript">
Semaine = Array("Dimanche", "Lundi", "Mardi", "Mercredi",
"Jeudi", "Vendredi", "Samedi")
a = Join(Semaine)
```

```
document.Write(a) ' Dimanche Lundi Mardi Mercredi Jeudi
Vendredi Samedi
</SCRIPT>
```

LBound

Renvoie le plus petit indice d'un tableau - rappelons que l'indexation démarre à 0 sous VBScript. LBound est généralement utilisé avec UBound pour déterminer la taille d'un tableau.

Syntaxe :

LBound(tableau[, dimension])

dimension - si le tableau est à deux dimensions, on peut indiquer 2 pour ce paramètre pour appliquer LBound sur cette deuxième dimension.

```
<SCRIPT LANGUAGE="VBScript">
Semaine = Array("Dimanche", "Lundi", "Mardi", "Mercredi",
"Jeudi", "Vendredi", "Samedi")
a = LBound(Semaine)                ' renvoie 0
b = UBound(Semaine)                ' renvoie 6
document.Write(a & " " & b)
</SCRIPT>
```

LCase

Convertit une chaîne en minuscules.

Syntaxe :

LCase(chaine)

Left

Renvoie un nombre donné de caractères à partir de la gauche d'une chaîne.

Syntaxe :

Left(chaine, longueur)

Len

Nombre de caractères contenus dans une chaîne / nombre d'octets requis pour mémoriser une variable.

Syntaxe :

Len(chaine| nom_de_variable)

LoadPicture

Renvoie un objet image.

Syntaxe :

LoadPicture(fichier_image)

Les formats graphiques reconnus sont les fichiers GIF (.gif), JPEG (.jpg), bitmap (.bmp), icônes (.ico), codés RLE (.rle), métafichiers (.wmf), métafichiers étendus (.emf).

Log

Renvoie le logarithme népérien d'un nombre.

Syntaxe :

Log(number)

LTrim

Supprime les espaces à gauche d'une chaîne.

Syntaxe :

LTrim(chaine)

```
<SCRIPT LANGUAGE="VBScript">
a = "    Bonjour    "
a = LTrim(a)
document.Write(a)                    ' Bonjour
</SCRIPT>
```

Mid

Renvoie un nombre spécifié de caractères d'une chaîne.

Syntaxe :

Mid(chaine, départ[, longueur])

Si longueur est spécifié, il indique le nombre de caractères à renvoyer.

```
<SCRIPT LANGUAGE="VBScript">
a = "L'ennui naquit un jour"
a = Mid(a, 9, 6)
document.Write(a)                    ' naquit
</SCRIPT>
```

Minute

Renvoie la minute de l'heure.

Syntaxe :

Minute(heure)

Month

Renvoie le mois de l'année.

Syntaxe :

Month(date)

MonthName

Renvoie le mois sous forme de chaîne.

Syntaxe :

MonthName(mois[, abrégé])

abrégé est un booléen égal à Faux par défaut. Si l'on indique Vrai, le mois est renvoyé sous forme abrégée.

```
<SCRIPT LANGUAGE="VBScript">
mois = Month(Now)          ' numéro du mois en cours
mn = MonthName(mois)       ' renvoie février si le mois est 02,
etc.
document.Write(mn)
</SCRIPT>
```

MsgBox

Permet une interaction avec l'utilisateur. MsgBox affiche un message dans une boîte de dialogue, attend que l'utilisateur clique sur un bouton et renvoie une valeur indiquant le bouton choisi par l'utilisateur.

Syntaxe :

MsgBox(texte[, boutons][, titre][, fichier_aide, numero_aide])

Le texte est celui qui apparaît dans la boîte de dialogue. S'il comporte plusieurs lignes, celles-ci peuvent être séparées avec un caractère de retour chariot (Chr(13)), un caractère de retour à la ligne (Chr(10)) ou une combinaison des deux (Chr(13) & Chr(10)).

boutons : expression numérique spécifiant le nombre et le type de boutons à afficher, le style d'icône à utiliser, l'identité du bouton par défaut et la modalité du message. Voir le tableau ci-dessous.

Si aucun argument n'est spécifié pour titre, c'est le nom de l'application qui apparaît dans la barre de titre.

fichier_aide et numero_aide : indiquent le fichier d'aide à utiliser pour fournir une aide contextuelle à la boîte de dialogue et le numéro de la rubrique d'aide. Si l'un de ces deux arguments est indiqué, l'autre doit également l'être.

Voici le tableau des valeurs disponibles pour l'argument boutons :

Constante	Valeur	Description
vbOKOnly	0	Affiche uniquement le bouton OK.
vbOKCancel	1	Affiche les boutons OK et Annuler.
vbAbortRetryIgnore	2	Affiche les boutons Abandon, Réessayer et Ignorer.
vbYesNoCancel	3	Affiche les boutons Oui, Non et Annuler.
vbYesNo	4	Affiche les boutons Oui et Non.
vbRetryCancel	5	Affiche les boutons Réessayer et Annuler.
vbCritical	16	Affiche l'icône Message critique.
vbQuestion	32	Affiche l'icône Demande d'avertissement.
vbExclamation	48	Affiche l'icône Message d'avertissement.
vbInformation	64	Affiche l'icône Message d'information.
vbDefaultButton1	0	Le premier bouton est le bouton par défaut.
vbDefaultButton2	256	Le deuxième bouton est le bouton par défaut.
vbDefaultButton3	512	Le troisième bouton est le bouton par défaut.
vbDefaultButton4	768	Le quatrième bouton est le bouton par défaut.
vbApplicationModal	0	L'utilisateur doit répondre au message avant de pouvoir continuer.
vbSystemModal	4096	Toutes les applications sont suspendues jusqu'à ce que l'utilisateur réponde au message.

- Le premier groupe (0 à 5) décrit le nombre et le type de boutons affichés;
- le deuxième groupe (16, 32, 48, 64) décrit le style d'icône;
- le troisième groupe (0, 256, 512, 768) détermine le bouton par défaut;
- le quatrième groupe (0, 4096) détermine la façon dont le message sera traité.

Pour réaliser le paramètre *boutons*, vous pouvez ajouter des nombres des divers groupes. Il importe toutefois de n'utiliser qu'un seul nombre de chaque groupe.

Voici un exemple dans lequel MsgBox sert à afficher une boîte d'information (64) avec divers types de boutons :

```
<SCRIPT LANGUAGE="VBScript">
Message = MsgBox ("Bienvenue", 64) ' affiche OK
Message = MsgBox ("Bienvenue", 65) ' affiche OK et annuler
Message = MsgBox ("Bienvenue", 66) ' affiche Abandon,
Réessayer, Ignorer
Message = MsgBox ("Bienvenue", 67) ' affiche Oui, Non,
Annuler
Message = MsgBox ("Bienvenue", 68) ' affiche Oui et Non
Message = MsgBox ("Bienvenue", 69) ' affiche Réessayer et
Annuler
document.Write(MyVar)
</SCRIPT>
```

MsgBox renvoie une valeur indiquant ce que l'utilisateur a sélectionné.

Constante	Valeur	Bouton sélectionné
vbOK	1	OK
vbCancel	2	Annuler
vbAbort	3	Abandon
vbRetry	4	Réessayer
vbIgnore	5	Ignorer
vbYes	6	Oui
vbNo	7	Non

Now

Date et heure en cours.

Syntaxe :

Now

Oct

Renvoie une chaîne correspondant à la valeur du nombre en octets.

Syntaxe :

Oct(nombre)

```
<SCRIPT LANGUAGE="VBScript">
a = 8
b = Oct(a)                    ' renvoie 10
document.Write(b)
</SCRIPT>
```

Replace

Remplace une partie d'une chaîne par une sous-chaîne, un certain nombre de fois.

Syntaxe :

Replace(chaine, recherche, remplacement[, début[, nbre_de_fois[, type_comparaison]]])

Si début est spécifié, il indique à quelle position la recherche doit commencer - les caractères précédents ne sont pas inclus dans le résultat, tandis que nbre_de_fois permet alors de limiter le nombre de remplacements.

type_de_comparaison, s'il est spécifié, peut prendre deux valeurs. vbBinaryCompare (0) effectue une comparaison binaire tandis que vbTextCompare (1) effectue une comparaison texte.

```
<SCRIPT LANGUAGE="VBScript">
a = "IIOOIIOOIIIIOOOOOOIII"
b = replace(a, "OO", "—")
document.Write(b)                    ' affiche II—II—IIII———III
</SCRIPT>
```

RGB

Nombre entier correspondant à une valeur de couleur RVB.

Syntaxe :

RGB(rouge, `vert, bleu)

Chaque valeur va de 0 à 255 et représente l'intensité de la couleur correspondante.

Right

Renvoie la partie droite d'une chaîne de caractères, sur la longueur spécifiée.

Syntaxe :

Right(chaine, longueur)

Rnd

Nombre aléatoire.

Syntaxe :

Rnd[(nombre)]

Avant d'appeler la fonction Rnd, il est bon d'utiliser l'instruction Randomize afin d'initialiser le générateur de nombres aléatoires à partir de l'horloge système.

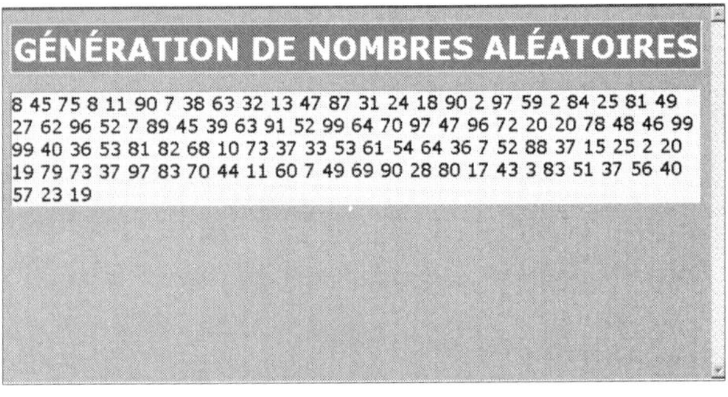

Boucle générant des nombres entiers aléatoires entre 1 et 100.

```
<HTML>
<HEAD>
<TITLE></TITLE>
<LINK REL="stylesheet" HREF="style.css">
</HEAD>

<BODY>
<H1>Génération de nombres aléatoires</H1>
<P>
<SCRIPT LANGUAGE="VBScript">
Randomize
For i=1 to 100 step 1
        a = Int((100) * Rnd + 1)
        document.Write(a & "   ")
Next
</SCRIPT>

</BODY>
</HTML>
```

Round

Arrondi.

Syntaxe :

Round(expression[, nombre_de_decimales])

```
<HTML>

<HEAD>
```

```
<TITLE></TITLE>
<LINK REL="stylesheet" HREF="style.css">
</HEAD>

<BODY>
<H1>Génération de nombres aléatoires et arrondis</H1>
<P>
<SCRIPT LANGUAGE="VBScript">

For i=1 to 20 step 1
        a = 100  * Rnd + 1
        document.Write(a & " arrondi :<B> ")
        a = Round(a, 2)
        document.Write(a & " | </B>")
Next
</SCRIPT>

</BODY>
</HTML>
```

RTrim

Supprime les espaces à droite d'une chaîne.

Syntaxe :

RTrim(chaine)

ScriptEngine

Indique le langage de script utilisé.

Syntaxe :

ScriptEngine

Valeurs renvoyées :

VBScript	Microsoft® Visual Basic® Scripting Edition
JScript	Microsoft JScript®
VBA	Microsoft Visual Basic pour Applications

ScriptEngineBuildVersion

Numéro de version du moteur de script employé.

Syntaxe :

ScriptEngineBuildVersion

ScriptEngineMajorVersion

Numéro de version principal du moteur de script.

Syntaxe :

ScriptEngineMajorVersion

ScriptEngineMinorVersion

Numéro de version secondaire du moteur de script.

Syntaxe :

ScriptEngineMinorVersion

Second

Nombre de secondes de l'heure.

Syntaxe :

Second(heure)

Sgn

Signe d'un nombre.

Syntaxe :

Sgn(nombre)

Valeurs renvoyées :

Supérieur à zéro	1
Égal à zéro	0
Inférieur à zéro	-1

Sin

Sinus d'un angle.

Syntaxe :

Sin(nombre)

Space

Crée une chaîne composée d'espaces.

Syntaxe :

Space(nombre)

Split

Transforme une chaîne en tableau à une dimension.

Syntaxe :

Split(expression[, délimiteur[, nombre_chaînes[, type_de_comparaison]]])

Si le délimiteur est un caractère, il peut être utile de spécifier la valeur 1 (vbTextCompare) afin qu'il soit pris en compte en majuscule comme en minuscule.

```
<SCRIPT LANGUAGE="VBScript">
chaine = "La nuit tous les chats sont gris"
Tableau = Split(chaine)                    ' chaque mot devient un
élément du tableau
For i = 0 to Ubound(Tableau)
        a = Tableau(i)
        document.Write(a & "<BR>")
Next
</SCRIPT>
```

Sqr

Racine carrée d'un nombre.

Syntaxe :

Sqr(nombre)

L'argument nombre représente toute expression numérique supérieure ou égale à 0.

StrComp

Compare deux chaînes et renvoie le résultat par un chiffre.

Syntaxe :

StrComp(chaine1, chaine2[, type_de_comparaison])

type_de_comparaison, s'il est spécifié, peut prendre deux valeurs. vbBinaryCompare (0), la valeur par défaut, effectue une comparaison binaire tandis que vbTextCompare (1) effectue une comparaison texte.

Valeurs renvoyées :

chaine1 est inférieur à chaine2	-1
chaine1 est égal à chaine2	0
chaine1 est supérieur à chaine2	1
chaine1 ou chaine2 est Null	Null

String

Renvoie une chaîne constituée d'un même caractère répété un certain nombre de fois.

Syntaxe :

String(nombre, caractère)

Cette fonction est notamment pratique pour générer des lignes ou autres types de symboles.

```
<SCRIPT LANGUAGE="VBScript">
ligne = String(100, "-")
document.Write(ligne)
```

```
document.Write("<BR>" & "<CENTER>Titre</CENTER>")
ligne = String(100, "-")
document.Write(ligne)
</SCRIPT>
```

StrReverse

Renvoie la chaîne inverse d'une autre.

Syntaxe :

StrReverse(chaine1)

```
<SCRIPT LANGUAGE="VBScript">
chaine = "la nuit"
chaine2 = StrReverse(chaine) 'renvoie tiun al
document.Write(chaine2)
</SCRIPT>
```

Tan

Tangente d'un angle.

Syntaxe :

Tan(nombre)

Time

Heure en cours.

Syntaxe :

Time

Timer

Nombre de secondes écoulées depuis 00:00 (minuit).

Syntaxe :

Timer

```
<SCRIPT LANGUAGE="VBScript">
Depart = Timer
For I = 1 To 100000
Next
Fin = Timer
Temps = Fin - Depart
Temps = Round(Temps, 2)
Document.Write(Temps)     ' renvoie 0,06 seconde sur la
machine de test
</SCRIPT>
```

TimeSerial

Renvoie l'heure sous forme heure, minute, seconde. Le résultat est une variable de type date.

Syntaxe :

TimeSerial(heure, minute, seconde)

TimeValue

Renvoie une variable Date contenant l'heure.

Syntaxe :

TimeValue(heure)

```
<SCRIPT LANGUAGE="VBScript">
Heure = TimeValue("17:15")    ' crée la variable date
17:15:00
Document.Write(Heure)
</SCRIPT>
```

Trim

Supprime les espaces à gauche et à droite d'une chaîne.

Syntaxe :

Trim(chaîne)

TypeName

Renvoie des informations sur une variable.

Syntaxe :

TypeName(variable)

Valeurs renvoyées :

Byte	type octet
Integer	type entier
Long	type entier long
Single	valeur en virgule flottante à simple précision
Double	valeur en virgule flottante à double précision
Currency	type monétaire
Decimal	type décimal
Date	date / heure

String	chaîne de caractères
Boolean	booléen ; Vrai ou Faux
Empty	non initialisée
Null	aucune donnée valide
<object type>	nom de type réel d'un objet
Object	Objet générique
Unknown	Objet inconnu
Nothing	Variable d'objet ne se référant encore à aucune instance d'objet
Error	Erreur

UBound

Indique la taille d'un tableau (l'indice le plus élevé).

Syntaxe :

UBound(tableau[, dimension])

dimension - si le tableau est à deux dimensions, on peut indiquer 2 pour ce paramètre pour appliquer LBound sur cette deuxième dimension.

Voir LBound pour un exemple d'utilisation de UBound.

UCase

Convertit une chaîne en majuscules.

Syntaxe :

UCase(chaine)

VarType

Renvoie le sous-type d'une variable.

Syntaxe :

VarType(variable)

Valeurs renvoyées

vbEmpty	0	Empty (non initialisée)
vbNull	1	Null (aucune donnée valide)
vbInteger	2	Entier
vbLong	3	Entier long
vbSingle	4	Nombre en virgule flottante en simple précision
vbDouble	5	Nombre en virgule flottante en double précision
vbCurrency	6	Monétaire
vbDate	7	Date
vbString	8	Chaîne
vbObject	9	Objet Automation
vbError	10	Erreur
vbBoolean	11	Booléen
vbVariant	12	Variant (uniquement utilisé avec des tableaux de Variants)
vbDataObject	13	Objet non Automation
vbByte	17	Octet
vbArray	8192	Tableau

Weekday

Jour de la semaine.

Syntaxe :

Weekday(date, [premier_jour])

premier_jour peut prendre les valeurs suivantes :

vbUseSystem	0	Format spécifié dans les paramètres régionaux de l'ordinateur
vbSunday	1	Dimanche - valeur par défaut
vbMonday	2	Lundi
vbTuesday	3	Mardi
vbWednesday	4	Mercredi
vbThursday	5	Jeudi
vbFriday	6	Vendredi
vbSaturday	7	Samedi

La fonction elle-même renvoie l'une des valeurs 1 à 7 du tableau ci-dessus.

WeekdayName

Renvoie le jour de la semaine spécifié.

Syntaxe :

WeekdayName(jour_semaine, abréviation, premier_jour)

Si abréviation est égal à Vrai, le nom du jour est abrégé.

Les valeurs disponibles pour premier_jour sont indiquées dans le tableau figurant sous la fonction week.

Year

Nombre entier représentant l'année.

Syntaxe :

Year(date)

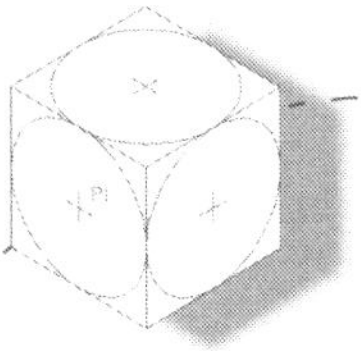

Index

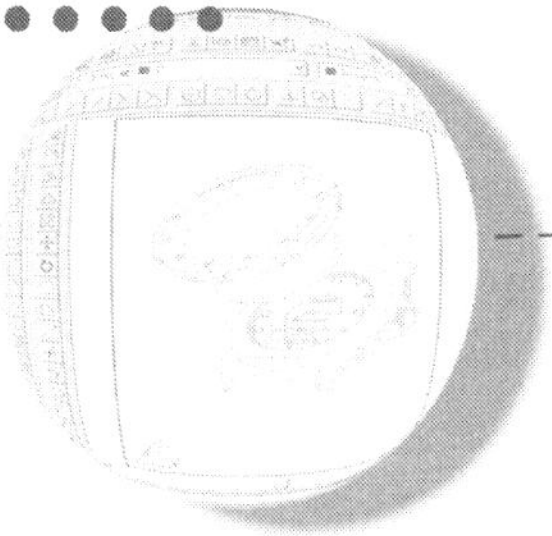

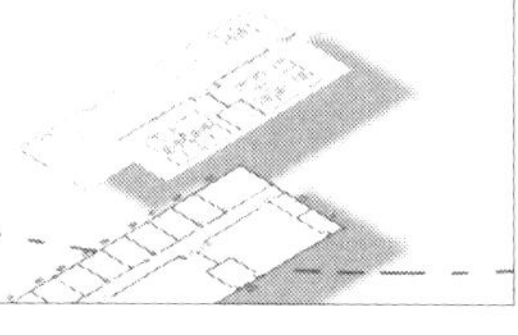

Index

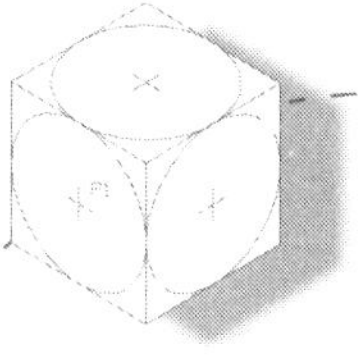

Table des matières

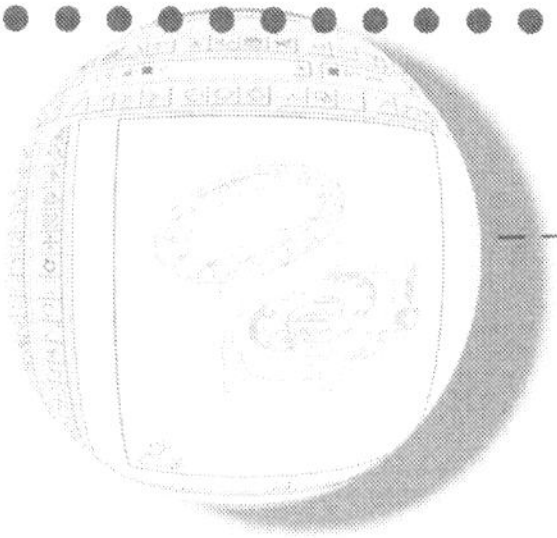

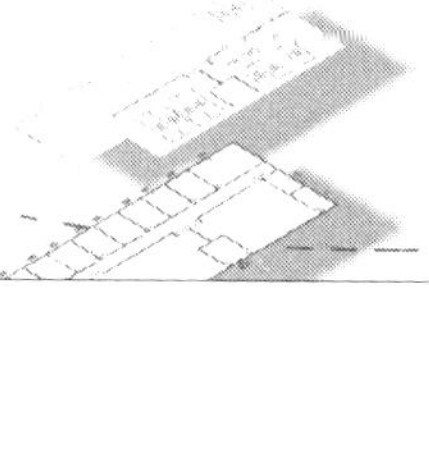

Table des matières

1214

Imprimé en Allemagne par Elsnerdruck

pour le compte des
Nouvelles Éditions Marabout
D. L. n° 23182 / mai 2002
ISBN : 2-501-03777-4